Griechenland liegt im Hinterhof

…………unzufrieden mit allen und unzufrieden mit mir,
würde ich gerne in der Stille der Einsamkeit der Nacht Erlösung
finden und wieder etwas Stolz schöpfen.
Seelen aller die ich besungen habe, stärkt mich, steht mir bei,
haltet die Lüge und die verderblichen Dünste der Welt von mir fern!
Und Du mein Herr und Gott, gewähre mir die Gnade,
ein paar schöne Verse zu schreiben, die mir selber beweisen,
dass ich nicht der letzte bin unter den Menschen,
dass ich nicht geringer bin als die, die ich verachte!
Charles Baudelaire (1821-1867)

Bilder & Lektorat   : Helga Papadakis

Für meine Eltern Urania und Georgos, die mir stets den richtigen Weg gezeigt haben, ohne mich jemals zu etwas zu zwingen.

Für Helga, die mir wieder Griechenland offenbart hat und mich stets ermutigt, meinen Weg zu gehen und mich dabei begleitet.

Für Nicoletta, Christopher und Katharina, die mit uns diesen Weg gehen.

Griechenland liegt im Hinterhof

Niko Papadakis

© 2013 Niko Papadakis
Herstellung und Verlag: Books on Demand GmbH, Norderstedt.
ISBN 9783732240319
Bibliografische Information der Deutschen Nationalbibliothek
Die Deutsche Nationalbibliothek verzeichnet diese Publikation in
der Deutschen Nationalbibliografie; detaillierte bibliografische
Daten sind im Internet über http://dnb.d-nb.de abrufbar.

Inhaltsverzeichnis :

Jeder Tag wird abgelebt

Jeder Tag wird abgelebt
Morgens mit einer Tasse warmer Milch
Und da es an Geld mangelt ohne Zwieback
Den sie doch so gerne eintaucht
Einige Sekunden warten
Und diesen im Mund, wenn er noch weicher
Geworden ist, genüsslich mit dem Gaumen
Noch feiner zermalmt
Mit einem „Poli Oreo"[1] runterschluckt.

Jeder Tag wird abgelebt
Vormittags hoffend, dass ein Nachbarn
Tomaten und eine Zwiebel bringen
Die man dann zum Mittag
Mit drei getrockneten Sardellen isst
„Poli nostimo"[2] sagt und Gott dankt
Dass Apostolis mehr Tomaten gekauft hat
Um zwei verschenken zu können.

Der Fernseher läuft den ganzen Tag
Man könnte das Wesentliche verpassen
Wobei das Ende der Welt
Noch das kleinere Übel wäre.

Die alte Frau hat knapp 300 Euro Rente
Und wenn sie das Geld nicht gleich bar abhebt
Wird ihr Sohn, der sogar mal ihr Gebiss
Verpfändet hat
Das Geld holen
Knapp 20 Euro übrig lassen
Mit dem Satz: Die Steuern frisst alles auf.

Jeder Tag wird abgelebt
Und da sie noch etwas Reis hat
Kocht sie ihn in der übrig gebliebenen Milch
Und dieser Milchreis dient als Abendbrot.

Das Stück Fleisch, das ihr Anastasia
Die Gegenüber wohnt gebracht hat
Landet im Kühlschrank.
Falls ihr Sohn, der einzige der noch verblieben ist
Kommen sollte.
Meistens dann,
Wenn er wieder alles Geld versoffen hat.

Das Meeresrauschen hat sie lange nicht mehr gehört
Obwohl das Meer keine Fünf Autominuten fern ist
Sie freut sich über die Flugzeuge
Die täglich über den Hof fliegen
Und wenn entfernt Kirchenglocken erklingen,
Weiß sie, dass sie noch lebt.

Jeder Tag wird abgelebt
Wie der zuvor
Und der, der vielleicht folgen wird.
Nächsten November wird sie neunzig
Und wenn der Milchreis gegessen ist
Aus dem Lautsprecher des Fernsehers
Die Nationalhymne erklingt
Und farbige Bilder von der Akropolis zu sehen sind
Dann zündet sie die Kerzen vor der Ikone an
Sagt ihr „Vater unser"
Betet für alle Menschen in der Welt
Sogar für den Mörder ihres ersten Sohnes
Und die Tränen der Trauer
Wiegen sie in einen Dämmerschlaf.

Dieser Tag ist abgelebt.

Deine Augen

1

Riesige Phantome schweben am Himmel
Und das Verborgene bringt das Tageslicht zum
Glänzen
Ist es purer Zufall
Oder sind es physikalische Gesetze
Dass Deine Augen das sind was ich schon immer
Sehen wollte.
Das Netz der Dunkelheit ohne jegliche Angabe von
Garndichte
Die Produktbeschreibung besagt einfach Baumwolle
Das Wort Liebe ist darin festgehalten.
Liebe in Gestalt von Feuer
Liebe in Gestalt von dampfenden Wasserfällen
Liebe in Gestalt Deiner Augen

2

Die Wirtschaftskrise blendet,
Weil Dir der Weltschmerz eigen wird
Und mich die Feindseligkeit
Der Großbanken spüren lässt.
Die Lautsprecherstimme verkündet
Das Ende der menschlichen Zivilisation.

3

Blumen verschönern die Chaussee
Und die Gedanken schweben zur Vergangenheit
Die, die Forderung der Unruhe propagiert.
Für uns ist nichts anderes als Liebe bereitgestellt
Die Götter haben schon den Auftrag verpflichtend
Angenommen.
Manche erfreuen sich an Obstplantagen
Andere an unausgesprochenen Gebeten
Ich habe Deine Augen

4

Dadaismus
Effektivismus
Expressionismus
Futurismus
Impressionismus
Jugendstil
Kinetische Kunst
Konstruktivismus
Kubismus
Naturalismus
Pop-Art
Realismus
Surrealismus
Symbolismus
Heute ist mir alles einerlei
Ich sehe nur Dich!

5

In China leuchten brennende Monde
In Nigeria erblühen die Sinne in den Gewässern
Die Luft ist in Duisburg erstickend
Eine Nelke in der Steinwüste von Marokko
Wird durch Blutbahnen begossen
Sie entfaltet den Lichtstrahl der Zuneigung.

In Mexiko entstehen fragende Säulen.
In Tibet wirst Du von Morgentau geküsst
Blitzgewitter verwüsten Rom
Und eine Rose in Deinem Garten auf Kreta
Erblüht immer nur an jedem dreizehnten des Monats
Um Deiner Schönheit zu frönen.

6

Die Sonne als Wellenreiter in der Oase
Natürliche, sinnliche Formen der Eifersucht.
Wenn Liebe aus Worten bestünde
Müssten wir andauernd sprechen.
Unser Schweigen jedoch
Verkündet ohne Für und Wider
Die Unsterblichkeit der Zärtlichkeit.
Lass uns zurück in die Gegenwart gehen.
Lass uns die Ozeane leer trinken
Lass uns Maheritsas[3] hören
Bis das „Ich sterbe für Dich"
Eine Hymne wird.

Ich sterbe für Dich - Petheno gia sena
Musik: Laurentis Maheritsas
Text: Eleni Pantou

7

Als wir das erste Mal Barfuß
Das Mittelmeer umarmten
Als wir das erste Mal in der sechsten Dekade
Die verbrannten Plantagen wahrnahmen
Als uns zum ersten Mal der zeitlose Sandsturm
Die Bedeutsamkeit der Reinheit lehrte
Da war uns klar
Dass nur die Liebe uns die Kraft gibt
Die zwei Seelenverwandten benötigen
Um Einander zu finden
Vierzig Monate liegen hinter uns
Vor uns das Universum

8

Der Ort wo Du nicht bist ist nicht bewohnt
Kasernen für Wunschträume
Und vor das offene Fenster gen Süden
Schmuggeln sich die Ostwinde wie Vagabunden.

Der Ort wo Du nicht bist ist ohne Geschmack
Ohne Blumen und Wiesen
Ohne Vogelschwärme und Zitadellen
Und jede Bewegung wird als Meuterei empfunden.

Der Ort wo Du nicht bist ist ohne Ufer
Und die Schiffe stranden in den Straßen
Wie politische Flüchtlinge
Auf den Boulevards der Nächstenliebe.

Der Ort wo Du nicht bist ist karges Land
Ist wie Seligsprechung für Atheisten
Ist wie die Entwurzelung der Begeisterung
In einer nicht existierenden Vegetation.

Der Ort wo Du nicht bist
Ist die Offenbarung des Weltuntergangs.

9

Wir haben den Südpol nicht erreicht
Wir wollten auch niemals dorthin
Wir haben die Krankheiten nicht besiegt
Wir wollten auch keine haben.
Wir sind der Hölle nicht entkommen
Wir waren ihr ja auch nicht nah genug
Aber wir haben uns
Und unsere Seelen implodieren
Sobald der Eine den Anderen sieht.

Alter Mann auf dem Aristotelis-Platz Thessaloniki

Grab von Nikos Kazantzakis

Nikos Kazantzakis

Vor 25 Jahren stand ich auch mal hier
Vor Deinem Grab
Und damals, wie auch Heute
Spüre ich besonders hier die Macht Deiner Worte.

Du hast nie gehofft
Du hast Dich nie gefürchtet
Du warst stets frei.

Und Deine Freiheit war stets
Die Freiheit der Griechen
Die Freiheit des Lichts
Das niemals aufhört zu leuchten.

Als Du geboren wurdest
Hatten Osmanen Deine Heimat belagert
Heute Großbanken
Was früher Pulver war
Sind heute Staatsanleihen.

Der Tod war die Elefteria
Und Eleni Deine Muse
Fernweh war die Flucht nach vorn
Und Dein Blick zurück
War ein Blick in die Zukunft.

Und Trotz der Hang zum Kollektiv
Ist es Kapitän Michalis der sich
Für die Liebe entscheidet
Um dann doch den Tod zu suchen
Um Freiheit zu erlangen.

Dort wo Religion und Heuchelei zuhause ist
Stehst Du da, mit der Lebendigkeit
Die jeden Deiner Helden unsterblich macht
Und unabwendbar Dich.

Vielleicht

1

Wenn eine kleine Blume durch die Farben
Ihrer Ideologie die Gestalt verändert
Unerkannt sich dem Bösen widersetzt
Wenn durch die Kraft des Wassers
Getreidefelder, inspiriert von einer beschützenden
Hand sich zu Unkraut verwandeln

Wenn die Vegetation nur noch
Aus bunten Schmetterlingen besteht
Du Dich mit Deinem Tellerrock kleidest
Und die Dichte der Nacht eins
Mit Deiner Duftwolke wird,
Dann gibt es kein Vielleicht mehr
Niemals wieder.

2

Die große Reise war zu Ende.
Der Alltag breitet sich aus wie Morgentau
Zwischen der Sonne und dem Nachbarsgebäude
Befinden sich lediglich verdorrte Blätter
In den Mauerritzen.
Der Nachbarsjunge ist älter geworden
Der Postbote trägt dieselben Schuhe
Alles erscheint wie eine Kulisse aus
Einem billigen B-Movie aus den Fünfzigern.
Ein „Anscheinend" ist aus dem Vokabular gelöscht
Das „Sicherlich" ist der Trost.
Die Käfige sind jetzt ohne Insassen
Der letzte Kanarienvogel ist Chronik.
Und der kärgliche Zimmerbrunnen
Wirkt wie eine einzige Feder unbefangen.
Möglicherweise bis zur Mittsommernacht.

3

Wenn die Träume vergehen
Wenn die Farben verstummen
Wenn die Schatten Oberhand gewinnen
Dann ängstigt sich unsere Liebe.

Wenn die Märchen verwaisen
Wenn die Lippen vertrocknen
Wenn die Lieder erfrieren
Dann schweigen die Singvögel.

Wenn die Blütenblätter verwaisen
Wenn der Reigen sich öffnet
Wenn die Arbeiterführer streiken
Dann findest Du mich im Buch der Empfindungen.

4

Erstmalig sehe ich Farben
Spüre das Kribbeln
Rhythmisch, harmonisch.
Angst breitet sich aus
Moll wird zu Dur und umgekehrt
Innerhalb von Sekunden.
Erstmalig sehe ich Dich am Wegesrand
Und die Welt existiert
Damit wir die Wolken erklimmen können.
Meine Augen pulsieren
Mein Herz beginnt zu beobachten
Und ich lebe.

5

Wenn die Dämmerung naht
Schwinden die Schatten
Irgendwo hört man jemanden flüstern
Ein nie gewordener Schrei
Streichelt Deine Sinne
Und Ungewissheit breitet sich aus.

Wenn die Dämmerung naht
Die Kerzen flimmern
Und die Motorengeräusche lauter werden
Höre ich aus der Ferne den Klang
Einer Mozartmelodie.

Wenn die Dämmerung naht
Und die Nacht sich ankündigt
Übermannt mich die Lähmung
Von den Träumen die heraneilen

Wenn die Dämmerung naht
Strande ich in den Gedanken
Die Schiffe legen an
Die Farbe der Edelsteine bleicht aus.

Wenn die Dämmerung naht
Flüchte ich mich in Deine Arme
Den Platz meines Seins.

6

Ein Mann vom alten Schlag
Faust auf den Tisch
Toben mit dem Dreizack
Leidenschaftlich und wild.

Eine kluge junge Frau
Schön und anmutig
Jederzeit zum Kampf bereit
Jeanne d´Arc der Urzeit.
Und der Zweikampf begann
Dort ein Brunnen
Daneben ein Olivenbaum
Und Sophokles begann zu philosophieren.

Die Versammlung der Götter
Entschied sich für den Mythos.

7

Was für ein Zauber
Schnittpunkt Lykawitos und Akropolis
Überall Bougainville
Stimmen der Liebe
Überall Jasmin
Und Anmut von Gebeten.

Schön zu wissen
Dass Griechenland noch Götter hat
Und Du aus dem kleinen Dorf
Inmitten dieser Herrscher.

Magie ohne Geister
Alles in Blau und Weiß
Und Deine Haare mit einem Band
Und alle Hoffnung in Deinen Händen.

Man prostet sich zu
Stellt die Traumuhr auf Null
Die Suche hatte am 13. April ein Ende.

8

Und sein Weg endet
Auf halber Strecke zwischen Hoffnung
Und Zuversicht.
Er kommt zurück
Mit Verrat an der Begeisterung.
Rückt die Krawatte zurecht
Und schließt die Augen
Mit dem Vertrauen
Zurückgekehrt zu sein
Ohne jemals gelebt zu haben.

Die Schritte brennen auf dem Asphalt
Und Du stellst die Brust zur Schau
Um unerkannt zu bleiben.

Bestrafe nicht die Liebe
Wenn Dir der Mut fehlt
Bestrafe die Schatten
Wische die Tränen weg
Der Weg endet nie
Niemals an diesem Ort.

9

Wenn ich gehe
Heißt es nicht dass ich meine Träume verrate
Wenn ich gehe
Heißt es nicht dass ich den Weg nicht kenne.
Der Himmel bereitet mir keinen Schmerz
Die Lügen sind längst in den Tränen ertrunken
Und der Dirigent verbeugt sich
Und hält in seinen Händen mein pulsierendes Herz.

Wenn ich gehe
Heißt es nicht dass ich die Stimmen verrate
Wenn ich gehe
Heißt es, bitte warte auf mich.

10

Dein Brief handelte von Chancen
Die Du irgendwann ergreifen möchtest.
Eines Tages, eines Tages.
Und dabei vergehen die Jahre
Ohne einen Lichtstreifen zu sehen.

Millionen die Einsamkeit vorleben
Abertausende die nur mit sich sprechen
Weil man vergessen hat was Dialog bedeutet.
Man sehnt sich nach den Kindertagen
Dem ungezwungenen Lachen
Den Umarmungen die vom Herzen kamen.

Dein Brief handelt von Hoffnungen
Die Du längst verloren hast
Und Deine Ruhelosigkeit lässt Dich
Ziellos suchen
Das, was vielleicht neben Dir steht.

Leben und Sterben sind Attribute
Wie Sonne und Mond
Und Träume sind lediglich Vorboten der Hingebung
Einem längst verlorenen Idealismus
Zwischen den Barrikaden
Und den ersten Sonnenstrahlen.

Dein Brief spricht von Erwartungslosigkeit
Die Du als neues Markenschild trägst
Und Heimweh nach der Sehnsucht
Die vielleicht als Endstation wartet.

11

Egoismus war niemals unser Weg
Und wenn wir erschöpft
Uns in die Arme nehmen
Bestimmt die Tankuhr unser Schicksal.

Im Spiegel suchen wir nach Idolen
Und wenn Du den Abend zudeckst
Unterliegen wir nicht der Versuchung
Den Tag noch einmal beginnen zu wollen.

Das Wort „Ende" ist aus dem Vokabular gestrichen
Das Wort „Vielleicht" durch „Bestimmt" ersetzt
Und sobald ich die Augen schließe
Sehe ich Dich zwischen den Regentropfen
Als erblühenden Himmel.

12

Die Zeit des Abschieds kam
Er sagte: "Es ist vorbei"
Der Atem stockt
Das Herz schlägt anders
Die Lichter gehen aus.
Er sagte: "Mein Tag endet"
Und es ist so, wie wenn eine Insel versinken würde
Sie waren eine Festung, uneinnehmbar
Und keiner konnte die Festung bezwingen.

Ein neuer Schmerz breitet sich aus
Neu und doch so vertraut
Dass man ihn wie einen Freund empfängt.
Der einen daran erinnert
Dass die Schwester der Hoffnung Traurigkeit heißt.

Die Zeit des Abschieds kam
Und sie hörte Gloria Gaynor
Bevor sich die Tür schloss
Und ihr begreiflich wurde
Dass alle Alpträume wahr geworden sind.

Gemeinsamkeiten kamen auf
Hunderte, tausende.
Gemeinsam haben sie gelacht
Und manchmal auch geweint.
Gemeinsam sind sie älter geworden
Gemeinsam haben sie etwas erschaffen
Gemeinsam
Und was wird aus dem Morgen?

Sie haben gemeinsam die Akropolis erklommen
Sind durch die Champs-Elysées spaziert.
Durch die Ramblas geschlendert
Gemeinsam an der Bank des Pont Neuf gesessen
Und an Juliette Binoche gedacht.

Gemeinsam den Ort am Empire State Building
Besucht, dort wo Deborah Kerr auf Cary Grant
Gewartet hat.
Den Ort besucht wo Quasimodo weilte
Pharaonengräber besichtigt
Und den Platz des himmlischen Friedens.

Die Zeit des Abschieds ward gekommen
Und die Meere waren trocken
Die Wüsten überschwemmt
Die Planeten ohne Sterne.
Und die Wörter haben keine Stimme mehr.

Leere Tische

1

Du willst nur überleben
Vielleicht noch Geld für fünf Zigaretten
Und eine warme Bohnensuppe.
Was wird morgen schon passieren
Was nicht heute schon geschehen ist?
Und Du gehst zur Kirche
Ein Vaterunser wird gebetet
Und die Ikonen lachen Dich aus.

2

Hierzulande wissen alle Alles
Die Handbücher sind übersetzt
Die Museen haben ganztags geöffnet
Und die Rechnung wird per Steckbrief angesagt.

Hierzulande wissen alle Alles
Der Sonnenaufgang wurde verschoben
Und die Müßiggänger
Outen sich als Schönheitsexperten.

Hierzulande wissen alle Alles
Die Jugenderinnerungen werden ausgeschlossen.
Das kleinbürgerliche Milieu wird sichtbar
Der Hauptdarsteller täuscht eine Ohnmacht vor
Und der der von Liebe spricht
Erkennt die Moral der Apostel.

3

Von welcher Reise sprichst Du
Die Flughäfen sind verwaist
Die Schienen abgebaut.
Erkennst Du nicht die Lüge
Die Dich führt
Erkennst Du nicht den Schmerz
Der Dich leitet.
Leere Tische, einsame Stühle
Verstaubte Sehnsüchte.

Von welcher Reise sprichst Du
Du, der nicht einmal die Akropolis gesehen hat
Du, der spricht um überhaupt erkannt zu werden.
Du, der den Kompass am Halse trägt
Wie Andere Madonnenbilder.
Erkennst Du nicht die Einsamkeit
Wenn wir beisammen sind?

4

Der Tag wird schön
Wir werden erst mal gemütlich Frühstücken
Dann chillen wir bis zum Mittag
Um nach dem Kaffee uns etwas hinzulegen.
Das Abendessen wird um
Neunzehn Uhr eingenommen
Damit wir die Geilheit der Menschen
Unbeschwert in der Tagesschau erleben.

Der Tag wird schön
Werden sicherlich von Freunden angerufen
Weiteren in Facebook begegnen.
Das neue Interaktive Ballerspiel testen
Und sicherlich ein Six-Pack vernichten.
Dann legen wir uns traumlos nieder
Und das eigene Ich
Sieht die Sonne über der Müllkippe aufgehen.

5

Morgens um Fünf
Erwacht die Stadt zum Leben
Die Bewacher der Seelen
Beginnen mit der Reiseplanung
Und während die Börsen
Die Vortagesgewinne verspielen
Kratzen sich Wohnsitzlose die Läuse vom Hals
Und drehen sich auf der Parkbank um.

Morgens um Fünf
Sehe ich die Arbeiter an der Haltestelle
Und die Bergschlucht vor mir
Und während die Apotheker
Die Überlebensmixtur mischen
Stirbt die letzte Schwalbe außerhalb unseres
Blickfelds.

Morgens um Fünf
Sehe ich Dich im Halbschlaf
Die Orchideen pflegen.

6

Als er sich nach Jahren entschloss
Den Weg den er vor einem halben Leben ging
Wieder zurück zu gehen
Erkannte er auf den Regalen
Den Sondernettopreis seiner Redlichkeit.

Stolz erfüllt und Freudestrahlend
Ergriff er dann die Schnapsflasche
Um auf seine verlorene Tugend anzustoßen
Während er in der Vitrine seine Jugend
Wieder fand.

7

Während er sich vor dem Spiegel
Den letzten Walzertraum ersann
Wurde ihm bewusst das seine Einsamkeit
Ein selbstgewähltes Zuchthaus ist.

Alle seine Freunde liegen auf der Couch
Bereit zur Massenhypnose
Banker wie Apotheker und einige
Späthippies die sich als Lateinlehrer versuchen.

Alle Frauen die er kannte haben inzwischen
Ein Brustimplantat
Und auf den Häuserwänden sind die Dichter
Verewigt die irgendwann mal
Die Sinnlosigkeit erkannt haben.

8

All die Romane die Du gelesen hast
All die Vorlesungen die Du besuchtest
All die Diskussionen denen Du beiwohntest
All die Liebenden und all die Verdammten.

All die Augen die Du gesehen hast
All die Schwüre die Du ausgesprochen
All die Güte von der Du gehört hast
All die ungeschriebenen Briefe.

All die Sauerstoffflaschen in der Nothaltebucht
All die wahren Lügen
All die Hostien im Messwein
All die Millionen von Worten reichen nicht
Die Krücken weg zu schaffen
Die Dich hindern Liebe zu empfinden.

9

So lange gewartet
So lange ersehnt
So lange gezögert
So lange erwünscht.

Und die Flammen lodern
Die Sterne gehen in Körper auf
Und die Kräfte der Vergessenheit
Ringen mit dem Verstand.

Hattest Du jemals gezweifelt Gott zu erleben?

10

Versteck Dich in der Stille
Und die Lieder meiner Reise
Erzählen von Dir.

Sie erzählen von Wünschen
Nach aromatisiertem Tee
Und verstecken die Gefühle
Die sich im Sonnenlicht entfalten.

Fühlst Du diese Nähe zum Meer
Hörst Du die Wellen auf den Klippen?

Suche niemals nach Erklärungen
Die Regeln werden zur Norm
Der vergifteten Seelen.

Ein Scherbenhaufen voller Spuren
Die früher einem Menschen zugesprochen waren.
Dein Verlangen darf niemals Reue sein
Diese ist bereits am Ziel.

Das Blau der Nacht

Muse 1

Klio, die Rühmende
Du verfolgst die Dichtung
Der Könige
Du bist die Quelle der Geschichte
Die Neugierde in den kommenden Gesichtern.

Wer bestimmt eigentlich ob man
Jung oder alt ist
Hässlich oder schön.

Im Mundwinkel beginnt das Grinsen
Das gerade im rechten Winkel
Vor dem Scheiterhaufen endet.

Die Köpfe erheben sich zum Gruß
Andere rollen die Böschung hinab.
Gerne hätte ich so viel Beschaulichkeit
All die Damen in ihren Unterröcken zu bewundern.

Muse 2

Melpomene, die Singende
Du mit dem Schwert oder der Keule
Deine Tragik ist Dichtung
Der Trauergesang Dein Zuhause.

Mit Deiner Stimme erzeugst Du die Lebenskraft
Die manche zur Liebe
Andere dazu benötigen
Ein Dessert auszuwählen.
Viele verbeugen sich vor Dir
Flüstern in Dein Ohr
Oder beginnen ihre Instrumente zu stimmen.

Fremde lehnen sich an die Brüstung
Und Deine schwarz angemalten Augen
Zwinkern den großmütigen Herren zu.
Edel sind die, die gegangen
Den Dagebliebenen droht die Ausrottung

Muse 3

Terpsichore, die Tanzende.
ich sehe Dir beim Tanzen zu
Ob Kalamatianos[4] oder Zembekiko[5]
Du mit Deiner Lyra
Du mit der Eigenschaft
Jede Stunde zur Mitternacht werden zu lassen.

Zirkel der Gemeinschaft
Aller Menschen

Dieselben Menschen die Meineide schwören
Dieselben Menschen, deren Herzen
Zu Schwingen des Rausches werden.

Wo ist der Zauber geblieben
Wehmut macht sich breit
Während Musiker bis an die Grenze des Anstands
Ihre Instrumente anstimmen.

Gaukler herbei

Muse 4

Thalia, die Festliche
Beschützerin der Theater
Hohn und Spott aller Nichtskönner.
Die Reize des Neuen
Verhüllen die Vernünftigen
Wobei Vernunft
In diesem Fall Dummheit bedeutet.
im Strudel der Freude
Zwischen Lachen und Entsetzen
Ermöglicht uns Dein Blick
Dem Sonnenuntergang leibhaftig entgegen zu treten.

Viele haben Entbehrungen genossen
Merkwürdig
Dass ich mich an keinen Tag erinnern kann.

Sicherlich bin ich solchen Menschen
Mehrmals begegnet
In Gestalt von Käseverkäufern
Oder als Tischnachbar im Bierzelt.
Wobei mir nur der Tag in Erinnerung blieb
Als die bildhübsche Frau dem Ritualmord erlag.

Muse 5

Euterpe, die Erfreuende
Als Baronin oder Reinemachefrau
Als Sopranistin oder Blumenmädchen
Als Professorin oder Dirne

Ich konnte die Bemerkung nicht zurückhalten
Als die Gnädigste
Ihr Höschen angepinkelt hatte.

Als die Erinnerung zurück kam
Wie sie ihren Doppelnamen annahm
Als Bürde oder in Übergroßem Eifer.

All das trug sie am Halse wie ein Kruzifix
Wobei sich bei jedem Auflachen
Ein übernatürlicher Knoblauchgeruch ausbreitete.

Und aus dem „Off" erklang eine Stimme:
„Meine Damen und Herren bereiten Sie sich
Auf das Ereignis der Ereignisse vor. Wir garantieren
Dass Sie niemals Ihre Hinrichtung vergessen"

Muse 6

Erato, die Liebevolle
Wir fragen uns was das alles bedeutet.
Wenn am Abend nach der Wahl
Alle in die Mikrofone grinsen
Imaginären Wählern danken
Und ihr Haupt mit Lorbeer zieren.

Wir fragen uns was das alles bedeutet
Dass der kurzsichtige Gärtner und der
Bundespräsident denselben Vornamen haben.
Während Ballerinas einbeinig tanzen.

Wir fragen uns warum Kellner dumm grinsen
Wenn sie schleimige Schneckensuppe servieren.
Den Gästen, die sie zuvor angemotzt haben.

Wir fragen uns warum wir im Stillen
All das alles ertragen
Ohne einen Würgeanfall zu bekommen
Und den neuen Linoleumboden vollzukotzen.

Muse 7

Urania, die Himmlische
Mutter Aller
Mutter mein

Die mich nährte und liebte
Aus Deinem Reich siehst Du mich jetzt
Glücklich sein
Und manchmal merke ich
Wie zart Deine Hände
Auf meiner Schulter ruhen.

Ich weiß Du hattest damals
Am 13. April
Deine Hände im Spiel

Muse 8

Polyhymnia, die Hymnenreiche

Mit Pantomime und Geometrie
Lehrst Du uns das Leben.
Ernst, nachdenklich, seriös

Und wir schweifen in Maßlosigkeit
Während wir dem Satan
Unsere Seelen zurückverkaufen.

Wir ziehen Masken an
Bevor wir uns rasieren
Und opfern für Bedürftige
Die einen Porsche als Zweitwagen haben.

Wir schaffen uns Ebenbilder
Die wir denunzieren
Und lassen uns vergewaltigen
Indem wir schweigen.

Unsere Freiräume sind
Fremde Identitäten anzunehmen
Um unsere Grenzen zu erkennen
Wobei hier jegliche Ethik
Auf der Strecke bleibt.

Muse 9

Kalliope, die Philosophische

Wenn Du Dich morgens anziehst
Weißt Du, dass die Nacht einsam war.
Weißt Du, dass der Tag einsam wird.
Weißt Du, dass die Sonne
Nie im Osten untergeht.
Weißt Du, dass die Logik
Die Lehre der Unvernunft ist.

Syllogistische Argumente
Werden zerschlagen.

Was passiert wenn der Prediger
Keinen Wein mehr verkraftet.
Oder der Startenor
Seine Ballettschuhe nicht mehr findet.

Die kleine untersetzte Frau
Mit der roten Nase
Und der Wortkarge Riese
Sind wahrhaftig Pioniere.
Der Groschen fällt.
Die Stadttore schließen.

Muse 10

Du Unwiderrufliche

Das Blau der Nacht war phosphoreszierend
Vor mir tauchen Gestalten in Tuniken auf.
Eine in Weiß und
Die anderen in verschiedenen Farbnuancen
Mit synchroner Stimme sagen sie:
„Komm mit uns"
Und mir wird bewusst, dass ich mich entscheiden muss
Mit einer der neun zu gehen.
Das Licht hat sich verändert
Schatten nehmen ihre Gestalten auf
Und erschließen die Geheimnisse
Einer einzigartigen Stille.

Manche verhüllen ihre Reinheit mit Tüchern
Andere entblößen ihre Schönheit mit Schmerz
Die Gefahr ist stets real
Jegliche Gefahr.
So beginne ich zu laufen
Und im Takt einer fremdartigen Musik
Folge ich den Frauen mit der altgriechischen
Bekleidung.
Laufe gebeugt, den Blick geschützt
Weil ich begriffen habe,
Dass das Nachtlicht für immer am Erlöschen ist.

Im Rückspiegel der Gedanken
Eines prallen Lebens
Explodieren Bilder in meinem Hirn
Von Menschen die ich zu lieben gelernt habe.
Der Ozean
Erhebt sich aus dem Dunst der Erinnerungen.
Der Himmel bekommt die Farbe
Von gebleichten Tüchern.
Meine Freunde vermisse ich jetzt schon.

Ein Triumph keimt auf
Um mit der Kraft eines Kindes zu sterben.
Ich versuche Utensilien
Die verstaubt waren aufzuheben.
Unwirkliche Bemühungen
Es gibt Menschen die unfähig sind Liebe zu geben
Es gibt auch Menschen
Die unfähig sind Liebe zu empfangen
Und es gibt auch Menschen
Deren Lächeln voller Zärtlichkeit und Liebe ist.
Unser Weg war stets der,
Fragen auf Antworten zu stellen.
Ein ganz schmaler Grat
Zwischen Stillstand und Aufruhr
Wie das Suchen nach Gesellschaft.

Ganz weit vorn
Sehe ich wie sich die Straße gabelt
Scheinwerfer beleuchten den Weg.
Auf dem Boden rascheln welke Blätter
Nur meine Hände scheinen nichts zu empfinden.

Das Gefühl kommt auf
Dass eine Entscheidung nicht fern ist
Die Angst überstimmt die Stille
Ein Augenblick voller Gnade
Wie wenn Erklärungen rational wären.
Septemberlicht.

Ich kämpfe mit den ganzen Facetten
Die uns die Nacht lässt.
Die Welt schrumpft zusammen
Alles wird zu Dir.
Da Liebe niemals Unterwerfung bedeutet
Glaube ich an ihre Macht.

Mein Weg ist mit keiner der Neun zu gehen.
Meine Bestimmung ist die 10. Muse

Armenviertel in Thessaloniki

Akropolis, die Wiege der Welt

Ein Arschloch hat Ausgang

1
Er zog seine Jeansjacke an
Die er 2005 in Boston zwei Tage
Vor dem Stones-Konzert gekauft hatte
Drehte sich noch zwei Zigaretten für den Weg
Leerte zwei doppelte Metaxa
Schaute in den Spiegel ob sein
Mittelscheitel noch saß
Kratzte sich ausgiebig im Schritt
Und alle wussten die ihn sahen:
Ein Arschloch hat Ausgang.

2
Er nahm Haltung an.
Training hatte er
Bei einem Veteranen aus dem Bürgerkrieg
Soldatendasein im tiefsten Osten.
Respekt und Demut wurde antrainiert
Reiswein und Wermut ist heute daraus geworden.
„Wenn Du nicht über Leichen gehen kannst,
Sarg dich gleich ein"
Ist einer seiner Sinnsprüche
Bevor er sich die Krawatte enger bindet
Damit wenigstens der Anschein seiner
Überheblichkeit Gewahrt wird.

3
Auf der Autobahn des Überflusses
Rast das Ekelpaket in die Dämmerung
Und die, die auf den Landstraßen hungern
Bilanzieren ihre Armut

4
Die Gräueltaten der Jahrhunderte
Versammeln sich in wenigen Worten
Und er pfeift die Hymne
Der Dummheit
Indem er seinen Zigarillo genussvoll
Auf einen Suppenteller stupft.
Es war der erste Jahrestag seiner Selbstständigkeit.

5
An der Außenseite der Küchenwand
Hinterließ er eine Nachricht
Dass er sich das nehmen würde was ihm
Auch zusteht
Und er wusste dass
Landarbeiter Autobahnen bauen
Massenmörder Faltschachteln kleben
So könnte er, der Dorftrottel
Auch einen Industriebetrieb gründen

6
Leitspruch gesagt auf der Ethniki Odos [6] kurz vor
Der Ausfahrt Lamia:
Ich besitze Gebäude
Ich besitze Maschinen
Ich besitze Euch alle

7
Ob auf der Pinnwand vor der Toilette
Oder neben ihm im Schlafzimmer
Sein breites Foltergrinsen ist überall zu spüren.

Ob im Tee-Salon der Burgruine
Oder in der Kunstgalerie in Arizona
Die Blondine hatte ihn soweit
Dass er im Beisein seines Chauffeurs
Kleinlaut zugab
Ein Arschloch zu sein

8
Opfer sind dumm und faul
Ein abgerichteter Adler nur eine Marionette
Die, die Gedichte schreiben sind Schlappschwänze
Und die, die Theater besuchen, Weiber.
Die, die nicht saufen Aussätzige
Und die, die nicht jede Möglichkeit
Einer Begattung wahrnehmen Charakterlos.

So stand er da und ließ sich von der jungen Nutte
Die er für weniger als 20 Euro engagierte
Am Hosenladen rumfummeln.
Und in dem Moment als er kam
Drückte er seine Zigarre auf ihrer Wange aus.

9

Eine kalte Nacht lag hinter ihm
Er hatte wieder Blutflecke gesäubert
Während sich im Park die ersten Liebenden
Verabschiedeten
Er lernte langsam, aber er lernte
Er wusste dass die Sterne am Morgen sich
Wegradierten
Und Rinderknochen eine kräftige Brühe wert waren
Und während das Azeton einen beißenden Geruch
Ausdünstete
Fragte er sich warum er es noch nicht geschafft hat
Botschaftsmitglied der Blindgänger Vereinigung zu
werden

10

Ein Mann der wie ein Arzt wirkte
War der Schafshirte der Nachbargemeinde
Ein Anderer vom Typ eines Musterschülers
War im Nebenberuf Pornodarsteller
Im Hauptberuf Leichenbestatter in dritter Generation

Der Kopf lag unweit vom Rumpf
Die Polizisten hatten ihre Arbeit getan
Der Tatort war abgeriegelt
Zwei Obdachlose beobachteten aus der Ferne
Wie ein Mittfünfziger eine Plastiktüte
Voller Schmerzmittel in den Kanalschacht schüttete

Der Mann der wie ein Arzt wirkte
Schaute auf seine Armbanduhr blickte Richtung
Werkstor und wusste
Dass der völlig dumme Direktor
Wieder eine Liebesnacht hatte.

Hellas Anno 2013 - ein Libretto

Teil 1
Der Vorhang öffnet sich und Elena, die Tochter eines
griechischen Kleinbauern, die als Putzhilfe in der
Residenz des Vorsitzenden einer konservativen
Partei in Athen arbeitet, kommt herein. Dieser ist
zugleich erster Minister des Landes und Hüter aller
Schulden sowie Verwalter der „Fakelaki [7] Koalition."
Elena ist von tiefer Liebe zu Kriton erfüllt, dem Sek-
retär des Vorsitzenden. Kriton ist Stolz des Ministers
und Hoffnung einer ganzen Nation. Da Elenas Vater,
ein links orientierter Oppositioneller, es nicht gern
sieht, dass seine Tochter die Residenz seines Geg-
ners putzt, befiehlt er ihr, das Haus zu verlassen.
Kriton will die billige und sicherlich bald willige Putz-
kraft jedoch nicht gehen lassen.
Als die Parteifreunde von Kostas, Elenas Vater, in
die Residenz eindringen, um Elena zu befreien, soll
Kriton die Privatarmee seines Chefs gegen diese
linken Revoluzzer führen. Dieser ist zuversichtlich,
nach dem Sieg Elena zu heiraten, da er hörte, dass
sie einen steinreichen deutschen Industriellen als
Taufpaten hatte und dieser ihr sein gesamtes Ver-
mögen verschrieben hatte.
Angela, die selbstbewusste Tochter des Ministers,
liebt den starken Kriton ebenfalls. Kriton rückt nach
einer feierlichen Zeremonie mit der Söldnertruppe
aus. Elena ist hin- und hergerissen zwischen der
Liebe zu ihrem Vater und zu Kriton.

Teil 2
Kritons Schergen haben gesiegt. Angela entlockt
inzwischen Elena ihr Liebesgeheimnis, indem sie ihr
erzählt, Kriton sei in dem Getümmel mit den Kämp-
fern ihres Vaters gefallen. Angela erkennt in Elena
ihre Rivalin. Sie befiehlt ihr, sie zum anstehenden
Siegesfest zu begleiten. Die Oberchefin der EU,
Angelas Großtante, die ebenfalls so heißt und im

fernen Germanien das Sagen hat, empfängt in der
Gartenanlage feierlich Kriton und seine Spießgesel-
len. Kriton hat beim Kampf lediglich einen kleinen
Kratzer abbekommen. Er befiehlt, die im Kampf ge-
fangenen Anhänger von Kostas vorzuführen. Einer
der Gefangenen ist Kostas selbst, Elenas Vater.
Er gibt sich als Handlanger aus und schildert den
angeblichen Tod des Führers, der der Regierungs-
partei ein Dorn im Auge war. Kostas wie auch Kriton
bitten um die Freilassung der Gefangenen.
Der inzwischen erschienene Patriarch wie auch der
Regierungspräsident können sich diesen Bitten nicht
mehr entziehen und lassen die Gefangenen frei.
Lediglich Kostas als Sprecher der Gefangenen und
Elena sollen als Geiseln zurückbehalten werden.
Man weiß nicht, was die „Linken" noch in der Hinter-
hand haben.
Als Lohn für seinen erfolgreichen Feldzug soll Kriton
auf Wunsch des Ministers dessen Tochter Angela
heiraten und nach dessen Tod selbst Ministerpräsi-
dent werden.

Teil 3
Es ist Nacht am Mittelmeer. Im Hintergrund erhebt
sich das Pantheon. Der Ministerpräsident führt Ange-
la zur Kapelle, in welcher sie in der Nacht vor ihrer
Hochzeit beten will.
Heimlich wartet hier Elena auf Kriton. Doch vorher
erscheint ihr Vater. Er will seine Tochter dazu bewe-
gen, Kriton das Geheimnis zu entlocken, welche
Bankverbindungen der Minister hat und welche Kon-
ten in der Schweiz sind. Eine Daten- CD wäre hier
von Vorteil.
Doch obwohl sie der Vater mit ergreifenden Worten
von den Vorteilen des Proletariats zu überzeugen
versucht, widersetzt sich ihm die Tochter. Inzwi-
schen kommt Kriton, und Angela muss sich verber-
gen. Elena bittet den Geliebten, mit ihr zu fliehen.
Vielleicht kenne er einen geheimen Pfad, und viel-
leicht könnte man auch mit Hilfe eines mitgebrachten

Notebooks die geheimen Konten der Regierungspartei finden und den Inhalt transferieren. So hätte man irgendwo in Honolulu oder Kuba ausgesorgt.

Als dieses geschehen, tritt Kostas triumphierend aus seinem Versteck hervor und gibt sich als Vater von Elena zu erkennen. Kriton erkennt, dass er ungewollt seinen Mentor verraten und sich dadurch entehrt hat. Als sie nun zu dritt fliehen wollen, tritt Angela aus der kleinen Kapelle hervor und ruft „Verräter!" „Verräter!" Kostas stürzt sich auf sie, um sie zu erdolchen, aber Kriton tritt dazwischen und verhindert die Bluttat. Er lehnt es aber ab, mit Elena und ihrem Vater das Weite zu suchen. Dann reicht er dem herbeieilenden Minister seinen kretischen Dolch und lässt sich ohne Widerstand gefangen nehmen. Zwischenzeitlich ist es Kostas gelungen, mit seiner Tochter Elena zu entkommen.

Teil 4
Vor den Türen des Gerichts im königlichen Palast finden wir uns wieder. Ein Gang führt in den Gerichtssaal, ein anderer in das Gefängnis, in dem Kriton gefangen gehalten wird.

Angela ist verzweifelt, zwischen Wut, Schmerz und Liebe hin- und hergerissen. Sie möchte Kriton retten und lässt ihn zu sich bitten. Sie hat auch Linsen mit Spätzle, seine Lieblingsspeise, gezaubert. Sie will ihn mit all ihrer Kraft vor dem Gericht der Europäischen Union verteidigen, um sein Leben zu retten. Kriton aber sieht keinen Sinn mehr in einem Leben ohne Elena, die er von Angela getötet glaubt. Angela berichtet, dass Kostas gefallen sei, Elena jedoch habe fliehen können und sei am Leben. Sie verspricht Kriton das Leben, den Ministersessel und ihre Liebe, wenn er auf Elena verzichte. Kriton ist aber zum Sterben entschlossen und kehrt in sein unterirdisches Gefängnis zurück, ohne einen Bissen zu sich genommen zu haben. Unsichtbar hört man die Anklage der EU Ratsherren und vernimmt das dreimalige Schweigen Kritons. Er wird dazu verurteilt, in

den Räumen unter dem Altar die griechische Natio-
nalhymne, alle 158 Strophen versteht sich, auswen-
dig zu lernen.

Teil 5
Während Kriton in ein unterirdisches Gewölbe ver-
frachtet wird, hofft er, dass Elena inzwischen in Si-
cherheit ist. Nachdem man geprüft hat, ob er die
National-Hymne auswendig kann, beauftragt man
einen sizilianischen Baulöwen, ihn einzumauern.
Kurz bevor der letzte Stein seinen Platz gefunden
hat, vernimmt Kriton einen Seufzer, sieht einen
Schatten und erkennt Elena. Elena ist bei Tagesan-
bruch in die vorgesehene Grabkammer geschlichen,
um mit ihm in seinen Armen zu sterben. Gemeinsam
nehmen die beiden Geliebten gelassen und verklärt
Abschied von diesem „Tal der Tränen", während
oben im Saal ein rauschendes Fest mit der ganzen
EU- Regentschaft stattfindet und Angela vor dem
kalten Büffet trauernd betet, Kriton's Seele möge in
Frieden Ruhe finden.

*Jede Ähnlichkeit dieser Geschichte mit einer Oper
von Giuseppe Verdi nach einem Libretto von Antonio
Ghislanzoni, ist gewollt.*

Zwischendurch

1.
Wenn es Dich friert
Würde ich mich häuten lassen
Um Dir Schutz vor der Kälte zu bieten.

Wenn Du nach dem Meer schaust
Würde ich alle Berge beiseiteschieben
Damit Du freien Blick bekommst.

Wenn Du nach Freiheit rufst
Öffne ich Dir das Buch
Mit der Lehre des Absolutismus.

2.
Weil wir der Dunkelheit trotzen
Weil uns die Kälte nichts anhaben kann
Weil wir dem Orkan die Stirn bieten

Weil wir den Sommer genießen
Weil wir im Himmel schwelgen
Weil wir dem Morgen entgegenfiebern

Weil wir der Entfernung widerstehen
Weil wir die Angst vertreiben

Weil unsere Herzen schlagen
Weil wir den Augenblick begehren

Weil der Tod ein Fremder ist

Weil wir uns lieben.

3.
Die Pistole fest am Gürtel
Gehst Du über den Omonia- Platz
Und jagst Dunkelhäutige
Und nennst Dich Django.

Am Politechnio
Krempelst Du die Ärmel hoch
Maske auf die Nase
Nennst Dich Zorro
Und versuchst Mädchen abzuschleppen.

Am Sintagmaplatz
Verjagst Du Tauben
Mit Pfeil und Bogen
Nennst Dich Robin Hood
Und fühlst Dich erhaben.

Abends dann in der Wellblechhütte
Die seit mehreren Jahren
Dein Zuhause ist
Kochst Du Dir
Für die nächsten vier Tage eine Linsensuppe
Und verjagst die Flöhe
Aus Deinem Barthaar

4.
Er war ein kleiner Kieselstein
Und versuchte gegen den Mount Everest
Zu kämpfen.

Sie war eine kleine Wasserlache
Und wollte den atlantischen Ozean
Herausfordern.

Wir jedoch sind so gefestigt
Dass uns kein Sturmwind zusetzen kann.

5.
Ich bete für alle
Gauner
Betrüger
Banditen
Lumpen
Piraten
Freibeuter
Diebe
Gangster
Räuber
Halunken
Und hoffe, dass wenn es unumgänglich wird
Einer aus dieser Klientel
Auch ein Wort für mich einlegen kann.

6.
Wer verliert schon gern
Und wenn, hat es mir niemals was ausgemacht
Meine Gedanken auf dem Pergament
Der Seele aufzuzeichnen.
Jede Nacht, der anderen gleich
Selbstbetrug als Kennzeichen
Zur inneren Absolution.

Manche flüchten sich in Alkohol
Manche trösten sich in Bordellen
Andere warten
Mit der Gewissheit
Dass Schatten vergänglich sind.

Und ich zähle die Monde
Die mich von dem trennen
Was an einem 13. April sämtliche Schatten
Vertreiben wird
Sämtliche Melancholie heilen wird
Die Niedergeschlagenheit verdammt
Die Depression tötet.

7.
Man bat mich um eine Aufzählung unserer
Ministerien und so begann ich mit einem
Fast vollständigen ABC der heimlichen
Vorlieben unserer Politiker.
Anthropophobie
Bacillophobie
Cleisophobie
Demophobie
Emetophobie
Gravidophobie
Halitophobie
Kardiophobie
Logophobie
Mysophobie
Neophobie
Odynophobie
Photophobie
Radiophobie

8.
Hier hat der Mann das letzte Wort
Das Glas gefüllt mit Tsipouro [8]
Betrachtest Du die gegenüberliegende Straßenseite
Und ignorierst
Dass der Mond sich in den Scheiben spiegelt.
Du denkst über die Reisen nach
Die Du irgendwann machen möchtest
Und Herrenlose Hunde bellen die Eintracht weg.
Ein Windhauch lässt Dich frösteln
Und aus dem Lautsprecher des Fernsehers
Irgendwo aus einem offenen Fenster
Hörst Du die Wettervorhersage.
Aus dem Blickwinkel siehst Du wie eine junge Frau
Im offenen Cabrio um die Ecke biegt
Und die längste Nacht des Jahres beginnt.

9.
Einsamkeit als Zwischenziel
Zur vollkommenen Nacht
Gierig nach Anerkennung
Suche ich im Dunstkreis der Hinterhöfe
Nach dem gemeinsamen Nenner
Des ärztlichen Bulletins und der Speisekarte.

Die Nebelwolken streuen
Serumstropfen der Amnesie
Und Dein Lächeln
Ein offenes Buch der Liebe.
Die Liebe spürt man mit geschlossenen Augen
Die Entfernung zu Dir unsichtbar
Und böse Geister
Vertreibst Du mit dem Kruzifix des heiligen Minas.

10.
Ein Flüstern der Bäume
Eine Welt ohne Angst
Deine Schönheit lähmt.
Und Deine Augen übernehmen
Die Weltherrschaft.

Albanerjunge spielt Bouzouki

Bergdorf auf Kreta

Jannis

An den Winterabenden
Wird die Isolation zur Einsamkeit
Die Spinner sitzen vor dem Fernseher
Um die Lottozahlen zu erfahren.
Sie zählen die Haare auf der Brust
Um sich in der Richterskala der Machos
Besser Einzuordnen.
Die Nachrichten entfliehen
Bis der Wetterbericht angekündigt wird
Und man begreift, dass die meisten Schwulen
Brustbehaarung nicht mögen.

Es ist doch nur zu deinem Besten Janni.
Lass es sein.
Genauso wie die Romanzen die auf dem Eiffelturm
Beginnen und auf dem Totenbett enden.

An diesen Winterabenden zählen sie die
Tablettenschachteln
Um zu errechnen welche Krankheit sie haben.
Die Kerze auf dem Fenstersims leuchtet greisenhaft
Und Deine Liebesbriefe enden stets
Mit einem -Bis bald in Alabama-.
Du betrachtest Dich im Spiegel
Machst eine Wahrscheinlichkeitsrechnung
Und erinnerst Dich an Kosta
Der im Zimmer neben Dir lag
Und Napoleon Bonaparte sein wollte.

Es ist doch nur zu Deinem Besten Janni.
Wenn Du Deinen Geburtstag ausfallen lässt
Um stattdessen Antidepressiva zu nehmen.

Eine Kartenleserin
Prophezeite Dir Glück und Reichtum
Triumpf und Mammon
Am nächsten Tag hattest Du dann diesen Unfall

Der Dich drei Monate ans Bett fesselte.
Und dieser Italiener im Nachbarbett
Schien mit ganz Sizilien Verwandt zu sein.
Dein einziger Besucher war die Nachbarin
Die Dich sogar mal mit Arschloch begrüßt hat.
Und dann Tätowierst Du Dich
Indem Du Deinen Körper ritzt
Mit der Erkenntnis einer der Auserkorenen zu sein.

Es ist doch nur zu Deinem Besten Janni.
Wenn man Dir die schlimmen Gedanken
mit Elektroschocks austreibt.

Die Züge fahren stets in eine Richtung
Die Literflasche Rotwein im Pappkarton
Erinnert an ausgetrocknete Wüsten.
Die Hosen die dir Dein Bruder vermachte
Sind zwei Nummern zu groß
Und statt eines Gürtels hast Du ein Packband
Mit Leuchtbuchstaben
Die Aufschrift: Sieben auf einen Streich

Das Meer scheint sehr abgelegen zu sein
Weiter als die drei Blocks bis zur Kneipe
Die im Hinterzimmer zwei Betten vermietet.
Sandra und Jeanne heißen die Beiden
Die Ihre Hintern für Dreißig Euro verkaufen.

Es ist doch nur zu Deinem Besten Janni.
Wenn man Dich mit Neuroleptika füttert
Um Deine Schlafrhythmen zu erforschen.
Meistens tragen die Helfer weiße Overalls
Mit Pailletten bestickt
Das Gesicht mit mehrschichtigem Pulver beschmiert
Und chronisch leeren Portemonnaies
Manch einer erzählt dass er Lawrence von
Arabien sein möchte
Ein anderer Möchte Brigitte Bardot treffen
Viele nur George Clooney eine auf die Fresse
Hauen.

Du jedoch möchtest mit dem Galopper des Jahres
Einmal fehlerfrei über den Wassergraben springen.

Das Foto von der Frau mit dem fremdklingenden
Namen
Hast Du immer griffbereit.
Und wenn Du Schritte hörst
Rennst Du zur Hintertür um sie zu verbarrikadieren.
Dann ritzt Du Dich wieder, weil der Blutfluss
Eine beruhigende, schlaffördernde und
Muskelentspannende Wirkung hat.

Es ist doch nur zu Deinem Besten Janni.
Deine Psychotherapie
Kann erst in zwei Jahren beginnen.
Bis dahin hör mir einfach nur zu.

Dann gab man Dir den Fragebogen
Kurz bevor man die leeren Teller mit dem panierten
Schnitzel abräumte.
Man bat Dich mindestens drei der
Vorgegebenen Antworten auszuwählen
Und Du sagtest Dir drei von acht sind doch viel
Besser als sechs von Neunundvierzig.
"Scheiß Kugelschreiber" schriest Du und nahmst
Einen Marker:
"Es besteht der innere Drang, bestimmte Dinge zu
Denken."
Dabei schaust Du auf den Küchentisch und machst
Inventur:
Messer - Rasierklingen - Schere - Scherben
Dann betrachtest du Deinen Körper
Brust - Beine - Bauch - Genitalien - Gesicht
Du hast gehört dass man Gegenstände auf den
Kopf hauen kann
Dass man Haare ausreißen kann
Nadeln sich in die Haut steckt
Sich an bestimmte Stellen beißt
Gifte injiziert.
Es ist doch nur zu Deinem Besten Janni.

Beiß Dich, Zerstöre Dich!
Befreie Dich!

Gegenüber von Deiner Wohnung
Sind zwei eingezogen die den ganzen Tag
Ihrem Geschlechtstrieb nachgehen
Du bist der Stille Beobachter und hoffst
Dass er einen Plötzlichen Hirntod erleidet
Und sie mit Lockenwicklern in den Haaren zum
Bäcker geht.
Du machst Dir einen löslichen Nescafe
Der nach Latrine schmeckt
Isst die Käseschnitten die man Dir andrehte
Und hörst den Hausmeister der Dir zuruft
"Hey Janni hilf mir mal mit dem Müllcontainer"

Es ist doch nur zu Deinem Besten Janni.
Wenn man Dich etwas strenger anfasst
So lernst Du Dich zu wehren.

Sobald Du aufstehst machst Du den Plan fürs Essen
Zum Frühstück Haferflocken mit etwas Honig
Am späten Vormittag einen Apfel oder eine Banane
Zum Mittag warm,
Diese warme Mahlzeit ist ein Muss.
Gestern gab es Blumenkohl mit Eiersoße
Heute Panierte Pilze in einer Rahmsoße und
Morgen, und darauf freust Du Dich ist
Broccoli angesagt.
Am Nachmittag werden drei Kekse vernichtet
Und kurz nach achtzehn Uhr, niemals später,
Gibt es ein Butterbrot mit Schmalz
Vielleicht auch etwas Streichleberwurst.
Ja das kann man Dir nicht nehmen Janni
Du wirst was die Ernährung anbelangt lange leben.

Kannst Du dich noch an den Jungen auf dem
Turm erinnern
Er wollte fliegen lernen
„Der Adler will fliegen" rief er jedes Mal

Wenn er in die Eckkneipe kam.
Und die Quoten dass er mal wirklich springen würde
Waren Eins zu Sieben.
Dann warst es Du glaube ich, der ihn auf dem
Omoniaplatz sah
An der Wand lehnend um auf Freier zu warten.

In der Hierarchie der Angst
Hatte er den Rang einer Kanalratte
Die sich drei warme Mahlzeiten leisten konnte.
Du hattest damals das Schild um den Hals auf dem
"Spinner auf die Straßen" zu lesen war
Und weil Du so wunderbar Anders warst Janni
Hat man Dich nicht erst ermahnt sondern fast
Totgeschlagen.

Es macht mich traurig Janni
Immer wenn ich an Deiner Wohnung vorbeifahre
Und das Streichquartett nicht mehr erklingt.
Auf den Wänden sind Deine Sinnsprüche nicht mehr
Zu lesen und die Schulmädchen haben
Dich vergessen.
Gute Sitten sind nur noch gute Sitten.
Man geht zur Arbeit, kommt von der Arbeit
Und legt sich schlafen um für den nächsten Tag
Fit zu sein.
Die Demonstrationen organisieren sich auf dem
Rechenschieber
Man dekoriert sich mit Geräuschen
Die undefinierbar sind
Und Ozeandampfer stehen im Rampenlicht.

Es ist doch nur zu Deinem Besten Janni.
Und Bücher sind nur für Spinner
Oder Todgeweihte.

Valium und Librium Sind Deine besten Freunde
Deine Erscheinung ist psychische
Niedergeschlagenheit in Perfektion.

Und die Schrotflinte im Schrank grinst mit dem
Schicksal um die Wette
Deine Traumfrau zeichnest Du mit Leuchtmarker
Meistens mit einem Abendkleid von Talbot Runhof.

Kannst Du Dich an den Tag erinnern,
Du wolltest zur Arbeit
Als es Dir so schlecht wurde und Du dachtest:
-So jetzt werde ich sterben-
Ohne jemals ein richtiger Mann geworden zu sein
Frauen verprügelt
Kinder misshandelt
Tiere gequält
Geschirr und Küchenboden gereinigt
Von der Traumfrau phantasiert
Und ihr niemals begegnet zu sein.

Das Buch das Du vor drei Wochen gekauft hast
Liegt ungeöffnet auf dem Tisch
Du wolltest Dich nicht in die Privatsphäre
Einmischen
Und die Vögel im Käfig
Sterben einer nach dem Anderen
Wie Deine Sehnsüchte und die
Nie Realität gewordenen Phantasien.

Es ist doch nur zu Deinem Besten Janni.
Wenn der Nachgeschmack der Niederlage
Süßlich mundet.

Sie scheinen noch sehr weit zu sein
Die, die Dich zum Schafott begleiten
Du hörst sie schon von weitem lachen
Ihre Goldzähne blitzen im Sonnenlicht

Und sie kriechen wie Käfer
Von Zimmer zu Zimmer.
Du legst Dich auf den Rücken
Nein, Du wirst Dich nicht wehren
In den dunklen Höhlen Deines Glücks

Ist das Wort Zuflucht nicht willkommen.
Ja, ein schöner aromatischer Tee wäre jetzt gut
Dein Krückstock ist weit.
„Was soll es" denkst Du
Die Rasierklinge schneidet tiefer
In Deinen Arm
Die Adern pulsieren
Schön ist es wenn das Blut fließt
Du hörst irgendwo weit weg
Maheritsas [3] trommeln
Du schließt die Augen
Das Blut strömt aus Dir
Du gibst Dich der Wärme hin
Die Du nur durch Dich selber finden kannst.

Ja, sagst Du, es ist nur zu meinem Besten.

Griechenland liegt im Hinterhof

Sie mussten über umgeschmissene Bänke
Klettern und Ungeziefer ausweichen
Zwiebelringe lagen verstreut, fast systematisch
Auf dem Flur verteilt.
Die Leiche der Frau war wie in einer Position
Zur Schau gestellt
Die linke Hand zum Gruß erhoben
Die rechte zeigte in eine andere Richtung.
Das war der Tag an dem der Olymp seine
Schleusen öffnete und es von da an vierzig Tage
Und vierzig Nächte ununterbrochen regnete.

Ihr Vater hatte sich genau vor drei Jahren
Und Ihre Mutter vor drei Monaten umgebracht
Griechenland liegt im Hinterhof
Und sie jetzt zwischen Essensresten.
Das Hier und Heute ist nur noch Vergangenheit.
Ihr Körper eine erloschene Grenze
Die Nacht schwärzer als jedes Licht
Vergessen Ihr Lachen, vergessen Ihr Blick.

Eine Tageszeitung lag aufgeschlagen auf dem Tisch
Essensreste einer Bohnensuppe auf einem Teller
Und im Glas ein kleiner Schluck Retsinawein.
Was für eine ausgewogene Henkersmahlzeit.

Der Polizist fragte mich
warum ich mich in der Nähe befinde.
Gedanken und Erkenntnisse
Zwischen der Couch und einem Sandwich
Das ich noch in den Händen hielt.
Als einen der nichts weiß
Außer einem keuchenden Atem
War mir allein diese Frage zu viel.
Griechenland liegt im Hinterhof
Sagte ich

Ich erwachte
Meine Hände in Schlingen
In einem Raum
Der mit Neonröhren beleuchtet war.

Am ersten Tag traf sich Vergil heimlich mit Zeus
Um die Bankenkrise in Italien und Griechenland
Zu analysieren
Vergil sprach ihn mit seinem Kosenamen an.
Zeusi, sagte er, wenn Du kein Geld mehr hast
Dann kannst Du den Berg hier abstoßen
Oder Du gehst anschaffen.
Leidtragende sind nur wenige
Deine Kumpels die Dir was geliehen haben
Oder Deine Mitarbeiter die Du entlassen musst.

Das Dilemma einer Bank jedoch wirkt sich
Auf die gesamte Volkswirtschaft aus
Zeus trank aus seinem Plastik-Becher,
Die goldenen waren längst im Pfandleihhaus,
Kratzte sich im Schritt und murmelte:
Immobilienkrise, Börsencrash
Weltwirtschaftskrise, Zusammenbruch
Diese Kettenreaktionen ekeln mich an
Und indem er einen weiteren tiefen Schluck nahm
Gab er dem Römer Vergil einen Tritt und bestellte
Sich übers iPhone
Drei Stripperinnen aus Casablanca
Um den Rest des Nachmittags zu gestalten.
Und Griechenland lag immer noch im Hinterhof.

Am zweiten Tag erschien Homer
Mit zwei Karten für das Champions- League- Finale
Und verlangte zum Tausch
die Lossprechung von seinen Sünden.
Der korrupte Priester einigte sich mit ihm.
Diese Tickets tauschte er dann auf Anraten seines
Psychologen
Gegen ein Halbjahresabonnement
Der Südkoreanischen Playboy Ausgabe

Für die meistens junge Männer posierten.
Dieser Psychiater, ein Nachkomme von
Grigori Rasputin
War mit Benito Mussolinis
Großneffen der als Chefanalytiker einer
Spanischen Großbank arbeitete, befreundet.
Dieser verkaufte die Karten an Großaktionäre
Der Deutschen Bank Frankfurt die zum Austausch
Von Sir Timothy Berners-Lee
Die Zusage erhielt
Das World Wide Web auf „FSG" umzubenennen
„FSG" auch als
Freude schöner Götterfunken bekannt.
Homer ärgerte sich so sehr
Und beschloss die Odyssee
Nicht fertig zu schreiben.
Und Griechenland lag im Hinterhof
Und Odysseus irgendwo bei den Sirenen.

Am dritten Tag kam Dustin Hoffman
Verkleidet als Tootsie und meinte
Dass Moby Dick irrtümlich als Pottwal bekannt sei.
Der Streit eskalierte als Börsianer
Die gerade Walsuppe speisten
Ihre Dividenden verwetteten und
Vittorio De Sica und Cecil B. De Milles anriefen
Um endlich Klarheit zu bekommen
Ob Hier Insidergeschäfte getätigt wurden,
Da der schwarze Sidney Poitier doch eine
Verblüffende Ähnlichkeit mit Clark Cable aufwies.
Die Begriffe Freistellungsauftrag, Garantiezins
Und vor allem Fondsdepot machten die Runde
Und nachdem Marilyn erschien
Und ihre Erfahrungen und Eindrücke von
"Wie angelt man sich einen Millionär" erklärte
Beschloss man die nächste Deflation einzuleiten.
Howard Hughes wurde exhumiert.
Dagobert Duck begriff dass es Zeit wäre abzuhauen
Und Apollo 13 wurde startklar gemacht.
Die ersten Marsmenschen verliefen sich

Da Griechenland im Hinterhof lag
Und die Akropolis ohne Navigation unauffindbar war.

Am vierten Tag
Ich lag immer noch gefesselt in dem Raum
Voller Neonröhren
Erschien Napoleon Bonaparte und rief:
Die Allgemeinheit ist immer Opfer der Börse
Das Risikomanagement hat wieder versagt.
Schälte sich einen Apfel von der Sorte die sonst
Kurz vor dem Sturm auf die Bastille verspeist wurde
Und die Pisspagen hatten ihren freien Tag.
Eva Braun kam restauriert aus dem Frisiersalon
Und die Wirtschaftsminister feierten
Gruppensex mit den Aufsichtsratsmitgliedern
Die Kollekte wurde gezählt und gerecht verteilt
Wobei die Devise lautete:
Bist Du kein Milliardär, bekommst Du nichts.
Die Zyklopen waren im Vierundzwanzig-
Stunden- Streik
Und die, die den Hungertod erlitten
Starben ohne Liveübertragung in RTL.
Strom wurde nur noch durch Kernenergie erzeugt
Und Griechenland versank im Nebel
Des Hinterhofs.

Am fünften und sechsten Tag passierte nichts
Man hatte die Welt still gelegt
Im Fernsehen
Liefen die Dating-Game-Shows und die
Letzte Staffel von
Europa sucht die ärmsten Schlucker.
Am siebten Tag fand man die Lösung
Die Ouzo- Steuer wurde auf 40 Prozent angehoben
Das griechische Alphabet halbiert
Ladadika [9] wurde zum Zentrum der Asylbewerber
Die Flüchtlingsboote landeten in Piräus.
Turkolimano [10] war nur noch
Auf dem Seeweg erreichbar

Bouzoukispiel wurde mit dem Tode bestraft.
Die Kirchen erhoben Eintrittsgelder
Und Sterben war nur noch für die erlaubt
Die Wertpapiere der deutschen Bank besaßen.
Die Akropolis wurde zum Abladeplatz
Für nuklearen Müll.
Die 3054 griechischen Inseln
Gerecht an die EU- Partner verteilt.
Das Wort Mitgefühl wird durch Machtgier ersetzt
Das Wort Solidarität durch Gewinnanteil.

„Wenn Du nicht in der Lage oder willens bist,"
Fuhr der Arzt fort und schob die Kanüle in die Vene,
„Dann gibt es eine Zwangseinweisung und schließ-
lich willst Du nicht schuld sein, dass die Mitarbeiter
der Krematorien arbeitslos werden."
Genau in diesem Augenblick kam
Jesus Christus von Nikos Kazantzakis begleitet
Vom Kreuz und sprach zu ihnen: *Wer unter euch
ohne Sünde ist, der werfe den ersten Stein*
Die Wirtschaftsminister die dieses hörten
gingen hinaus, von ihrem Gewissen überführt, einer
nach dem andern…
Das EU Parlament berief eine Sondersitzung
Und man stellte fest dass dieser Jesus
Auf der Fahndungsliste der CIA ganz oben stand.

Manche begriffen jetzt warum
Die Leiche der Frau so in Position
Zur Schau gestellt wurde und warum
Ihre Hand zum Himmel zeigte.

Griechenland liegt im Hinterhof
Und Jesus war doch ein Grieche.

Ich erkenne dich an der Klinge

Mein Vater erschien mir,
Mit diesem Lächeln auf den Lippen,
Dieses Lächeln das seine
Herzenswärme ausdrückte.
Er konnte einen anschauen und Du wusstest
Dass dieser Mann die Güte ist.
Er beglückwünschte mich und sagte
Früher warst Du der Jüngere
Jetzt bist Du inzwischen vier Jahre älter
Als ich geworden bin.
Und ich fragte ihn wie es ihm geht,
Fragte nach Mama und ob sie
im Himmel gemeinsam sind
So wie er es immer versprochen hat.
Und sein Lächeln sagte mir, dass dies der Fall sei.
Dann erzählte ich von mir.
Er kannte bereits alles
Bis unser Gespräch
Auf sein Lieblingsthema kam:
Hellas

Und mein Vater meinte:
Ich habe französische Politiker gesehen
Ich habe deutsche Politiker gesehen
Und ich habe griechische Politiker gesehen
Und alle waren im selben Puff.
Und jeder ist Patriot.
Ich habe französische Banker gesehen
Ich habe deutsche Banker gesehen
Und ich habe griechische Banker gesehen
Und alle waren stets korrupt.
Und immer beherrschten sie den Staat.

Die Griechen mein Junge, fuhr mein Vater fort
Die Griechen tun es kultiviert.
Griechenland war stets das Ziel der Eroberer

Und mit ihrer Verschleppungstaktik
Plünderten sie unsere Schätze
Nicht diese von Aristoteles, Demokrit und Sokrates
Nicht diese von Tsitsanis, Loizos und Zambetas.[11]
Wir wurden auf den Boden gezerrt
Man hungerte uns aus
Aber das griechische Volk behielt seine Würde
Das, was wir Hellenismus nennen.

Aber das Mark der griechischen Psyche
Wurde verwundet jedoch niemals besiegt.
Bouboulina und Kolokotronis[12] waren die Helden.
Die Sieger waren englische Banken
Und man verkaufte sich jedem
Der Geld verleihen konnte.
Ein Drittel dieses Geldes wurde
Als Bürgschaft zurückbehalten
Ein Drittel wurde verwendet, von
Bürgen Waffen zu kaufen
Das andere Drittel diente,
Die Korruption aufleben zu lassen.
Und diese Bestechlichkeit war die heimliche Hymne
Nicht Solomos [13] hat unsere Hymne geschrieben
Banker und Politiker waren es.

Das Baby Hellas
Hatte die Krankheiten eines Greisen
In der Zeit als in Mitteleuropa
Die Industrialisierung ihren Anfang nahm
In der Zeit ist Griechenland
Viermal Bankrott gegangen.

Und an Deinem elften Geburtstag mein Sohn
Haben diese Verräter, diese Schufte, diese Gangster
Griechenland noch einmal verkauft.
Nicht die Akropolis oder Likawitos
Nicht Kreta oder Rhodos
Sondern unsere Vorstellungen.

Sie haben uns kämpfen lassen
Die sogenannten sauberen Alliierten
Man Bekämpfte einen Schnauzbart in Berlin
Der zur willkommensten Zeit anwesend war.
Man ließ uns Griechen ausbluten
So wie sie es heute versuchen
Griechenland jedoch mein Sohn
Zahlte alle Schulden zurück
Alle Schulden der letzten 140 Jahre.
Und die drei Teufel
Papandreou, Mitsotakis und Karamanlis
Benutzten fortan
Goldenes Toilettenpapier.

Die Schulden waren das Eine
Die Zinsen dreimal so viel.
Und dann kam die Militärjunta
Und aberwitzig aber wahr
Eine längere Zeit des Friedens.
Die neue Religion nannte sich EWG
Und die drei Teufel setzten neue Gebote ein
Das Parteibuch war die Bibel
Die Bequemlichkeit diente zur Gehirnwäsche.
Jedem Griechen wurde in die Wiege gelegt
Dass nicht Arbeit gleich Lohn bedeutet
Sondern Verrat und Trägheit.
Das Wort "ehrlich sein" hieß Vetternwirtschaft
Und die Jahre vergingen
Aber die Politiker blieben.

Ja, ich kenn' dich an der Klinge
deines Schwerts, so scharf und blank,
wie auf diesem Erdenringe
schreitet dein gewalt'ger Gang.
Der du aus der Griechen Knochen
wutentbrannt entsprossen bist,
die das Sklavenjoch zerbrochen,
holde Freiheit, sei gegrüßt!

Und der neue Zeus hieß fortan Goldman Sachs
Frankreich und Deutschland verkauften Waffen
Und das Kapital hieß "neue Schulden"
Das griechische Wunder erblickte das Licht der Welt
Dieses Wunder jedoch wurde blind geboren.
Günstlingswirtschaft, Kumpanei
Spezlwirtschaft würde Konstantin Wecker sagen

Und man fuhr mit der Selbstzerstörung fort
Mit Tricks und faulem Zauber
Die Katharsis-Konzeption von Aristoteles
Wurde totgesungen
Schattenwirtschaft, Bürokratie, Selbstbedienung
Hat Glauben, Hoffnung Liebe ersetzt.
Und wäre nicht die Weltwirtschaftskrise 2008
Wäre alles beim alten.
Die Monopolisten hätten weiter monopoliert
Die Reichen würden noch reicher und
Die Griechen die Deppen Europas.
Man hörte fortan von Hilfspaketen
Schuldenspritzen
Schuldenerlass
Und Olivenöl kam auf einmal von
Griechischen Oliven
Und Tomaten schmeckten wieder besser
Weil es griechische waren
Das Fladenbrot aus griechischem Mehl.

Die Troika übernahm das Land
Der Toilettendeckel wurde zur Reinemachefrau
Und der Sumpf zur Depression
Und wieder kommt ein neuer Tag
Man streitet, man versöhnt sich
Man verspricht, man hintergeht
Und der Depp ist der kleine Mann.

Zweifellos
Wir brauchen Waffen
Genau wie ein Sterbender eine Fernbedienung

Zweifellos
Die Griechen sind nicht unschuldig
Trägheit hat die Staatskassen geleert
Und die Vernunft verjagt
Trotz alledem
Wird der Grieche aufstehen wenn die Bouzouki spielt
Sich drehen wenn ein Zembeikiko[5] erkling
Wird seinem Nachbarn die Hälfte seines
Brotes geben,
Dem Fremden eine Bleibe.
Wird Tränen in den Augen haben
Wenn die Hymne der Freiheit gespielt wird.

Mein Vater sah müde aus
Als er mich am Arm nahm und sagte
Steh auf Junge
Schalte das Radio ein, lass uns gemeinsam singen

Ja, ich kenn' dich an der Klinge
deines Schwerts, so scharf und blank,
wie auf diesem Erdenringe
schreitet dein gewaltiger Gang.
Der du aus der Griechen Knochen
wutentbrannt entsprossen bist,
die das Sklavenjoch zerbrochen,
holde Freiheit, sei gegrüßt!

Der Ymnos is tin Eleftherian (griechisch Ύμνος είς την Ελευθερίαν
‚Hymne an die Freiheit‘) ist die Nationalhymne Griechenlands. Der
Text entstammt dem gleichnamigen, 1823 von Dionysios Solomos
geschriebenen Gedicht aus 158 Vierzeilern, die Musik stammt von
Nikolaos Mantzaros.

Marlies

Willkommen auf der Insel Zakynthos, dem wunderschönen, grünen Eiland inmitten des klaren, blauen Wassers der ionischen See...
Gehen Sie schwimmen an den weiten Sandstränden, zusammen mit den hier beheimateten Seeschildkröten. Schnorcheln oder tauchen Sie zwischen den Felsen oder in den vielen Unterwasserhöhlen. Gleiten Sie mit einem Segelboot oder einem Surfbrett über das Meer.
Unternehmen Sie eine Trekking -Tour ins Bergland der Insel. Genießen Sie das herrliche Wetter auf der sonnenreichsten Insel im Mittelmeer. Lassen Sie sich davontragen vom Rhythmus des zakynthischen Lebens, ganz einfach zusammen mit den freundlichen Menschen hier. Aber das ist noch längst nicht alles.....Was bunte Prospekte versprechen findet man in der Realität. Eine Facette dieser Realität ist, dass bestimmte Touristen, wenn sie nach Griechenland kommen meinen, sie wären die Herrscher der Welt und Griechenland sollte doch froh und dankbar sein, dass man sich nach hier begibt.
Marlies ist eines dieser Beispiele. Sie hatte zwei Prioritäten im Leben, das Salsa tanzen und die Männer.
Dimitris lernte Marlies an der Poolbar des Hotels Porto Koukla kennen. Marlies, inzwischen vierundvierzig, war mit einer Tanzgruppe aus Niederösterreich für drei Wochen auf der Insel. Dimitris und Marlies trafen sich ein zweites Mal, wie es in Griechenland üblich ist, in einer Pizzeria. Sie hatte sich mit einem billigen süßlichen Parfüm besprüht, jede Straßenprostituierte roch besser, auch wenn sie sich zwei Wochen nicht gewaschen hatte. Dieses Mal hatte Marlies das Parfüm großzügig über sich verteilt, um den derben Geruch von Dimos, dem Aushilfskellner einer kleinen Taverne zu kaschieren, mit dem sie eine halbe Liebesstunde verbracht hatte.

Dimos war die Nummer fünfundsechzig auf ihrer Liste.

Marlies war vorlaut und aufdringlich. Ferner schien das viele Salsatanzen auch Großteile ihres Hirns zerstört zu haben. Entweder nervte sie die restlichen Gäste des kleinen Hotels mit ihrem energischen Gehopse oder sie telefonierte so lautstark, dass nicht einmal XXL- Ohrenstöpsel halfen.

Die Tanzgruppe, geführt von einem, der sich „Momo" nannte, war eine Ansammlung von Personen jeglichen Couleurs und aller gesellschaftlichen Schichten Niederösterreichs.

Marlies saß an der Bar und wartete auf Dimitris, der die Nummer sechsundsechzig werden sollte und sich zu verspäten schien.

Dimitris, aus einer Schauspielerdynastie stammend, hatte das falsche Spiel von Marlies schnell erkannt. Ihre ihm gegenüber aufgesetzte Schüchternheit war, wie er sehr schnell festgestellt hatte, Mittel zum Zweck, um dem Mann das zu geben was der Mann hören möchte: "Du bist der Beste, Du hast mich erobert". Sein griechischer Stolz setzte ihm dann eine Idee in dem Kopf, wie er Marlies richtig reinlegen konnte.

Er rief sie mit verstellter Stimme an:

Er: Hallo Marlies, hier ist Angelo.
Marlies: Hallo Angelo, kennen wir uns?
Er: Nein, aber ich habe ein Bild von Dir bei Momo gesehen und Du siehst einfach toll aus.
Dimitris schob den Tanzguru vor. Er kannte ihn zwar nicht persönlich, aber er hatte ihn schon ein paar Mal an der Bar gesehen, wenn er seine Schäfchen mit äußerst intelligenten Anweisungen zum Salsatanzen motivierte. Außerdem war er aufgrund der ihm eigenen Lautstärke auf dem ganzen Hotelgelände zu hören.
Marlies: Woher kennst Du Momo?
Er: Momo und ich haben schon gemeinsam Tanzlehrerkurse besucht.

Marlies: Interessant.

Er: Da hast Du recht, Tanzen ist halt unser Leben. Aber ich rufe Dich an um Dich zu fragen, ob ich es tatsächlich bin oder nicht.

Marlies: Was meinst Du?

Er: Dein Traummann natürlich. Momo sagte, ich könnte es sein.

Marlies: Weiß ich noch nicht. Ich kenne Dich ja nicht. Wie siehst Du aus? Schick mir doch ein Bild von Dir aufs Handy.

Er: Geht nicht, meine Freundin erlaubt das nicht.

Marlies: Wie soll ich das verstehen?

Er: Ich habe in Wien eine Freundin. Von Montag bis Freitag arbeite und wohne ich in der Steiermark und pendle am Wochenende nach Wien.

Marlies: Soll mir das was erklären?

Er: Lediglich dass ich mich zwischen Samstagmorgen und Sonntagabend in Wien aufhalte.

Marlies: Auch so und was machst Du an den Wochentagen von Montag bis Freitag?

Er: Ich bin Mitinhaber eines Waschsalons in der Innenstadt von Graz. Was machst Du?

Marlies: Arbeiten natürlich, ich verkaufe Anzeigen.

Er: Bei dem Kurier?

Marlies: Nein, es sind Anzeigen aus der Region, im Wochenblatt der Gemeinden Lenz, Geidorf und Liebenau.

Er: Wie wär's, hast Du Lust mich nächste Woche zu treffen? Momo meinte, Du bist nächsten Mittwoch zurück.

Marlies: Ja wäre toll, warum nicht.

Er: Ich hoffe, dass Dich mein Sprachfehler nicht stört. Ich stottere ein wenig.

Marlies: Das ist nicht schlimm.

Er: Manchmal schon. Hast Du Fehler?

Marlies: Ich weiß nicht, ich denke alle Menschen haben Fehler, ist das so wichtig für Dich?

Wenn Marlies sprach, hörte es sich an, wie wenn man versucht hätte, einem Kamel das Bellen beizubringen. Sie sprach zwar Deutsch, jedoch mit einer

Aussprache, die ihre südeuropäische Geburtsstadt Florenz allzu deutlich erkennen ließ.

Er: Könntest Du mit einem Mann ein Verhältnis beginnen, der am Wochenende nie da ist?

Marlies: Weiß ich noch nicht, kommt darauf an

Er: Auf was?

Marlies: Ja wie er aussieht. Ob er nett ist, auf das komplette Paket eben.

Er: Mal was Anderes, kommst Du nicht aus Österreich?

Marlies: Ich bin nur zur Hälfte Österreicherin.

Er: Und ich ein halber Italiener

Marlies: Ich auch, ist das nicht romantisch?

Er: Quatsch jetzt!

Marlies: Wie meinst du das?

Er: Penso che ti amo. Warte mal kurz, mein Handy klingelt, ich sehe es am Display, dass es Hilde ist.

Nachdem zwei Minuten verstrichen waren, in denen er sich amüsierte, meldete er sich wieder.

Er: Bin zurück, sie spinnt wieder.

Marlies: Ich bin auch wieder da.

Er: Was hast Du in der Zwischenzeit gemacht?

Marlies: Einen Ouzo mit Wasser getrunken.

Er: Hast Du in Griechenland schon Freunde gefunden?

Marlies: Ja schon, aber nicht wirklich.

Er: Wie ist die aktuelle Gruppe so drauf? Sind mehr so heiße Feger wie Du dabei? Und die Kerle, wie sind die Kerle? Haben die Eier in der Hose oder sind es Schwuchteln? Hat Dich jemand so richtig angebaggert?

Marlies: Nein, warum fragst Du?

Er: Ich würde es normal finden, wenn man sich kennenlernt und ausprobiert, ob das im Bett auch gut funktioniert. War mit Momo schon drei Mal am Mittelmeer, da geht es untereinander schon manchmal heftig an die Wäsche.

Marlies: Ja schon aber ......

Er: Bist du temperamentvoll? Kannst Du so richtig aus Dir rausgehen?

Marlies: Ja schon, haha, heißes Blut fließt durch meine Adern, bekommst Du es jetzt mit der Angst zu tun?
Er: Nein, aber ich muss mich jetzt leider von Dir verabschieden. Ich freue mich sehr, Dich bald in Graz zu treffen.
Marlies: Ja das kann man machen, Du hast ja meine Nummer, dann ruf einfach an.
Er: Ich habe eine Chatfreundin aus Facebook hier in der Nähe, sie hat mich zu sich eingeladen, ohne dass sie mich jemals gesehen hat. Bin schon mal gespannt, es heißt, sie sei ein heißer Ofen.
Marlies: Was verstehst Du darunter?
Er: Sie ist hier in Wetzelsdorf sehr bekannt. Ich glaube, sie wurde bereits von der Hälfte der Einwohner beglückt... Du verstehst mich, oder?
Marlies: Jaaaaaaaaaaaaaaa, ich verstehe.
Er: Wenn wir uns sehen, werde ich Dir davon erzählen. Vielleicht kann ich Dich auch später noch einmal anrufen. Wenn es schnell geht, könnte ich es um 23.30 Uhr noch einmal probieren, wäre das ok für Dich?
Marlies: Was willst Du mir erzählen?
Er: Wenn sich noch was abspielen sollte, ich dachte es interessiert Dich.
Marlies: Ja erst bei der und dann mit mir Telefonsex?
Er: Wenn Du nicht willst, verschieben wir es. Ok? Muss jetzt wirklich los, bis bald, tschau.

Dimitris legte auf und wartete einige Minuten, bis er zur Bar ging, wo Marlies auf ihn wartete. Er entschuldigte seine Verspätung damit, dass er seine kranke Mutter pflegen musste. Kaum angekommen, stand Marlies auf, legte einen Zehn-Euro-Schein auf den Tresen und wollte voller Erwartung mit ihm in ihr Zimmer gehen. Er aber schob Müdigkeit und Kopfschmerzen vor, wünschte ihr mit einem Augenzwinkern eine gute Nacht und entschwand in entgegengesetzter Richtung.

Den Folgetag verbrachte Marlies mit der Pflege ihrer Plutze, das ist auf Hochdeutsch mit Eigensinn, Sturheit oder mit dem Wort Dickkopf vergleichbar. Marlies, deren Geisteshaltung von Unnachgiebigkeit geprägt war, war nicht zu erreichen. Körperlich war sie präsent, die Tatsache jedoch, nicht den sechsundsechzigsten Auserwählten abgehakt zu haben, machte sie fuchsteufelswild.

Einen weiteren Tag später rief Dimitris in seiner Rolle als Angelo an:
Ciao Bella, geht es Dir gut?
Ohne abzuwarten fuhr er fort:
Das vorgestern war schnell vorbei, eine Katastrophe erster Güte. Erzähl ich Dir bei Gelegenheit, wenn wir uns sehen. Ich könnte Dich auch besuchen, wenn Du willst. Kaffee oder Tee oder einen Cappuccino. Ein Stück Käsesahnetorte oder magst Du lieber was Fruchtiges? Du hast ein sehr hübsches Doppelkinn auf dem Foto, das mir Momo gab, habe ich es Dir schon gesagt? Sag mir doch, was Du gerne mit mir unternehmen würdest.
Marlies: Hallo, Du kannst Dir das schenken. Will Deine Frauengeschichten nicht hören. Ich möchte Dich erst kennen lernen und dann wird man sehen, was passiert. Du hast mich schon gefragt, ob ich mit jemandem hier in Griechenland Sex hatte und ich sagte nein. Ich liebe Sex aber nicht mit jedem und nicht gleich. Ich hoffe, Du kannst mich verstehen, wenn nicht, bin ich die falsche Frau und Du wirst niemals mein Traummann. Ich hasse Männer, die nur Sex im Kopf haben. Wenn Du immer noch möchtest, können wir uns treffen, wenn nicht, dann nicht. Dann kann ich Dir nur viel Glück wünschen.
Angelo: Hey Bella, ich verstehe Dich und freue mich Dich zu sehen.
Marlies: Ok, Angelo, freut mich das Du mich verstehst. Ende nächster Woche würde ich jetzt mal sagen oder komm doch mal wieder in die Tanzschule. Ich gehe am Freitagabend zu Momo.

Angelo: Ich tanze sehr gerne. War zwei Jahre lang auch in Dornbirn beim Formationstanzen dabei und nicht immer ganz erfolglos. Ich freue mich auf Dich, nächsten Freitag wäre toll. Vielleicht bist Du auch Feuer und Flamme und kommst mit zu mir. Oder wir gehen zu Dir, wie Du willst.
Marlies: Klingt verführerisch.
Angelo: Hast Du Sexspielsachen? Hast Du einen ständigen Freund, der Dich besucht oder legst Du gerne selber Hand an Dir an? Bitte sag es mir, Bella.
Marlies: Dass Du auch gerne tanzt, freut mich zu hören, wäre schön wenn wir es mal zusammen erleben würden. Sorry, aber ich werde Dir Deine Fragen jetzt nicht beantworten, weil ich Dich noch nicht kenne und ich nicht darüber reden möchte ......nur so viel: ich bin allein, ganz allein, ich habe keinen, der ab und zu kommt, das ist es was ich nicht möchte ...und ja ich mache gerne SEX, mir macht es Spaß, aber wie gesagt, ich rede über solche Sachen nicht am Telefon. Wenn ich Dich erst einmal kennengelernt habe, dann vielleicht. Ich bin noch ein Mädchen der alten Schule und dazu noch aus einem Land, wo man über das nicht redet, Du weißt schon... ich freue mich wirklich auf Dich.
Angelo: Du kannst es mir doch etwas leichter machen, wenn ich von Dir weiß, wie Du es am liebsten hast. Weich und zart oder eher wild und hart.
Marlies: Lass uns träumen und uns auf nächste Woche freuen.

Dimitris erzählte mir diese Geschichte, als wir ihn in einer kleinen Taverne in Mytilini kennen lernten.
Er berichtete, dass er die Aufzeichnung seiner Gespräche mit Marlies jedem Teilnehmer des Salsa-Kurses als mp3 auf CD brannte und Momo gebeten hatte, am vorletzten Tag seines Aufenthalts auf Zakynthos diese CD zu spielen.
Auf dem ganzen Gelände des Hotels hörte man die Dialoge. Zunächst etwas verstört, später jedoch mit Spannung zuhörend verharrten die Kursteilnehmer

und die restlichen Gäste des Hotels in Schweigen, um ja das Gespräch genau zu verfolgen. Marlies schien sich sehr zu amüsieren, bis sie bemerkte, dass sich alle über sie lustig machten.

Momos Ehefrau und Partnerin machte dem Spuk ein Ende und schaltete die Musikanlage aus. Dimitris bekundete mir glaubwürdig, dass er nicht stolz darauf wäre, Marlies so zur Schau gestellt und lächerlich gemacht zu haben, manche würden jedoch nur dann lernen, wenn man ihnen den nicht abgedeckten Spiegel vor die Augen hält. Dabei zeigte er mir eine Nacktaufnahme von Angela Merkel, irgendwo an einem See, als sie achtzehn war, und ein anderes Bild von Christine Lagarde, sichtbar betrunken in einer zweideutigen Pose.

Fußnote:
Was dem Jupiter geziemt, geziemt dem Ochsen noch lange nicht
Die Kleinen hängt man, die Großen lässt man laufen.
Was dem Reichen erlaubt ist, ist nicht auch dem Armen gestattet.
Wenn zwei das Gleiche tun, ist es noch lange nicht dasselbe.

Dorflandschaft

Innenhof in Heraklion / Kreta

To megalo Psari troi to mikro
(Der große Fisch frisst den kleinen)

Wir schreiben das Jahr 2019. Gerade sind die zentralen Feierlichkeiten zum zehnjährigen Jubiläum der Griechenlandkrise in Kalimarmaro, der Stätte der ersten Olympischen Spiele der Neuzeit im Jahre 1896 beendet. Es wurde auf den Fundamenten des antiken Stadions gebaut und befindet sich im Athener Stadtzentrum. Die ursprüngliche Planung besagte, dass die Feier am Fuße der Akropolis stattfinden sollte, doch seit 2014 befindet sich diese in der Hand der nordwestrussischen Stadt Sankt Petersburg, die diese Stätte für 25 Jahre angemietet hat und der ersten unbestechlichen griechischen Regierung seit 125 Jahren eine Jahresmiete von 12 Millionen Euro zahlt. Seit Griechenland die Eurozone verlassen hat, erhöht sich das Bruttoinlandsprodukt kontinuierlich. Die Befürchtung, dass weit über achtzig Prozent der Bevölkerung die Armutsgrenze erreichen wird, hat sich nicht bestätigt. Knapp 71,5 Prozent sind lediglich davon betroffen, 18,8 Prozent haben das Grundeinkommen eines deutschen Lehrlings im ersten Lehrjahr, 8,5 Prozent arbeiten in Bulgarien als Hilfsarbeiter und pendeln zum Schlafen nach Griechenland, exakt 1% liegen als nicht identifizierte Leichen in diversen Leichenschauhäusern und der Rest von 0,2 Prozent hat die CDU- Mitgliedschaft und erhält von der Konrad- Adenauer- Stiftung eine Monats-Unterstützung von 15 Menümarken bei McDonald´s.

Die griechische Flagge symbolisiert die Freiheit und den Tod, diese Worte, die in jedem griechischen Herzen eingemeißelt sind, und das Kreuz die Ehrfurcht für die griechische orthodoxe Kirche, die während der osmanischen Besetzung das Griechentum lebendig gehalten hat. In der Zeit des 15. bis 19. Jahrhunderts war dieses auch berechtigt und nicht zu leugnen. Aktuell hat die Orthodoxie, genauer gesagt die Führung der Orthodoxie, ein Abkommen mit der in Rom ansässigen Zentrumsunion der Christen, die Bonusmarken pro Anwesenheit in einem Gottesdienst verteilt und wenn das Bonusheft mit der entsprechenden Anzahl dieser Marken voll ist, erfolgt die Teilnahme an der Wochenziehung für die Ausgabe von 10 Litern Heizöl.

Die Göttin der Liebe und Schönheit, Aphrodite, wurde aus dem Schaum der Wellen geboren und somit sind auch die Farben der Flagge blau wie das Meer und weiß wie die Gischt. Diese Flagge wird nur noch an wenigen Tagen des Jahres gehisst, meistens einen Tag, nachdem die Troika ihre Quartalsbesuche beendet hat.

Die wenigen Geschäfte, die noch geöffnet haben, sind Filialen von Discountketten, eine koreanische Holding, die Bekleidung vertreibt und ein italienisches Imperium, das Ware mit abgelaufenem Verfallsdatum für Griechenland noch einmal umetikettiert und dort verkauft.

Die Radio- und Fernsehanstalten senden die gleichen Programme, die vor zehn Jahren produziert wurden, und man achtet peinlichst genau darauf, dass man auch das entsprechende Kalenderdatum einhält. Die Nachrichten vom dreiundzwanzigsten Mai 2012 und vom dreiundzwanzigsten Mai 2019 unterscheiden sich kaum. Der einzige Unterschied sind die Arbeitslosenzahlen, damals 22,5 Prozent und aktuell 67,4 Prozent. Die Zahl der Arbeitslosen von 2012 wird als enormer Erfolg der damaligen Regierung zugesprochen. Alle Herrschaften sind inzwischen zu langjährigen Haftstrafen verurteilt und haben sich zur Resozialisierung ein zehnjähriges Asyl in den Bahamas ausgesucht.

Obwohl Griechenland stets einen der ersten Ränge der Jugendausbildung in ganz Europa eingenommen hatte, betrug 2013 die Arbeitslosigkeit bei den unter 25- Jährigen 64 Prozent. Inzwischen hat man die magische Grenze von 80 Prozent erreicht. Ein erschreckendes Szenario bilden auch die Zahlen der

Obdachlosen. Während der Herbstrevolution von 2015 wurden alle Nigerianer, Tunesier und Albaner vom griechischen Festland nach Kreta verbracht, das zu einer Gefängnisinsel umgebaut wurde. Das gesamte Gebiet wird von NATO-Truppen kontrolliert. Nach neuesten Zahlen des Innenministeriums sind jetzt 145 000 Obdachlose registriert. Die Dunkelziffer beträgt ein Vielfaches.

Die Hoteliers haben inzwischen ihre Besitztümer verkauft, nachdem ein Steuersatz von 37 Prozent der Gesamteinnahmen erhoben wurde. Knapp achtzig Prozent dieser Hotels sind inzwischen im Besitz von TUI und fünfzehn Prozent von Neckermann-Reisen. Der Rest gehört kleineren Anbietern aus den Benelux-Staaten.

Die meisten, die in diesen Hotels arbeiten, sind, nachdem die Schwarzarbeit offiziell mit 30 Prozent versteuert wird, nicht angemeldet und unterliegen keinerlei Schutz bei einer eventuellen Krankheit. Das hat dazu geführt, dass die Selbstmordrate in den letzten fünf Jahren um 28,4 Prozent gestiegen ist. Personen mit einem Universitätsstudium können sich eine Einstellung abschminken, da die sehr wenigen Betriebe, die noch Arbeiter einstellen, Angst haben, dass bei der erst besten Gelegenheit jemand mit so einer Qualifikation schnell wieder kündigen würde. Man könnte auch das Glück haben, eine der zehn Green-Cards zu ergattern, die monatlich verlost werden und eine Arbeitsstelle im Pflegebereich in Mitteleuropa garantierte.

Die Prostitutionswährung hat sich inzwischen von einem Liter Benzin in ein Kilo Brot geändert und man munkelt, dass die Währung bald eine Halbliterflasche Wasser sein wird.

Alle Universitäten sind zu Museen geworden.

Der Kanal von Korinth wurde einbetoniert, nachdem sich eine ganze Schulklasse bei einer Liveübertragung in den Tod stürzte, als sie gegen die Hungersnot demonstrierte.

Nafplion wurde innerhalb von drei Wochen vom Festland getrennt und dient nur noch als Ruhesitz weniger Bischöfe und Kardinäle. Epidavros gilt heute noch als das am besten erhaltene antike Theater und die bedeutendste Kultstätte der griechischen Antike. Das Theater ist an einen Hang gebaut und bietet ein exzellentes Panorama, und man hat sich darauf geeinigt, dass nach Wiedereinführung der Todesstrafe dieser Ort einen geeigneten Rahmen bietet, um die Hinrichtungen zu vollziehen, die von der Europäischen Zentralbank ausgesprochen werden.

Am Parnass-Gebirge und am Fuße der heiligen Ebene von Delphi wird momentan die größte Schnapsbrennerei Europas gebaut. Dort, wo in der Antike das Orakel von Delphi stand, fließt jetzt Kirschwasser.

Am fünften Jahrestag der griechischen Euro- Kapitulation wurde Rhodos dem Erdboden gleich gemacht. Der Slogan, Rhodos sei schöner als die Sonne, passte nicht in das Konzept der EU und jetzt ist Rhodos mit seinen vielen Sandstränden, die in der Vergangenheit Abermillionen von Touristen den Urlaub verschönert hatten, nur noch Lieferant für Sand und Kies an Baulöwen in Belarus.

Die orthodoxen Meteora- Klöster zählen zu den spektakulärsten und beliebtesten Sehenswürdigkeiten Griechenlands. Der Legende nach kamen die ersten Menschen schon im 11. Jahrhundert auf den Felsen.

Durch einen Handel, der hinter verschlossenen Türen Mitte 2013 geschlossen wurde, sind die Meteora-Klöster noch der einzige Landschaftszug, in dem offiziell noch griechisch gesprochen werden kann. Im restlichen Griechenland wird unter Androhung eines Exils auf der Gefängnisinsel Kreta streng darauf geachtet, die griechische Sprache auf ein Minimum zu beschränken.

Aber der Grieche ist halt Grieche. Er steht nach seinem Mittagsschlaf auf und weiß, ein neuer Abend ist

angebrochen. Nachdem ihm bewusst wird, wo er ist und was er ist, öffnet er das Fenster und ruft:
"Ουδέν κακών αμιγές καλού."
(Es gibt nichts Schlechtes, an dem nicht auch etwas Gutes ist.)
Sein Nachbar Kostas hört ihn und lädt ihn zu einem Ouzo ein, ja den Ouzo gibt es noch, das Kirschwasser von Delphi findet in Griechenland keine Konsumenten. Der Lärm der Straße wird intensiver. Ein Mehrklang von Rhythmen erklingt aus den offenen Fenstern und den Balkonen.
„Komm Bruder, lass uns tanzen," ruft ihm Kostas zu. und Giannis Poulopoulos' Stimme erklingt…

Xthes mesanixta kai kati katiforisa
sti mikri ti plateitsa pou se gnorisa
kapio agalma pou me eide me thimithike
kai to pono mou n' akousi then arnithike [14]

Die 24 Stunden vor seinem Tod um 20:20

Vortag 21:20

Bauunternehmer, Filmproduzenten
Und Käseverkäufer
Diese Kerle haben was Besonderes.
Sie öffnen ihre Geldbörse,
Treffen sich im Offiziersclub
Und onanieren um die Wette
Sie drehen ihre Zigaretten im Walzertakt
Und mit den Fingernägeln öffnen sie ein Dosenbier.
Das erinnert mich an den Mai 1977
Auf einer Parkbank im Schlossgarten
Als Südländer den von Hunden
Angepissten Löwenzahn sammelten
Um am Abend den Salat zu verspeisen.

Vortag 22:20

Das Radio spielte wieder einmal
Ihren Lieblingssong
Und zwei Kilometer weiter
Starben sieben Menschen
Bei einer Massenkarambolage.
Der Notarzt vernaschte die Nachtschwester
Und der Schreinermeister etikettierte
Die aus Albanien importierten Särge um
Jetzt konnte man" Made in Germany" erkennen.
Der Sonnenuntergang war um 19:24
Die Frau des Botschafters führte ihren Dackel Gassi
Und er setzte sich auf die Klosettbrille
Um die Toilette nicht zu bespritzen.
Kim Carnes sang Bette Davis Eyes
Und ein unerträgliches Hassgefühl
Beschlich sie als sie die Abtreibungspille schluckte
Und begriff dass es für einen Menschen
Einen Sonnenaufgang niemals geben würde.

Vortag 23:20

Sie war schon in Ordnung.
Sie war die Frau des Bankdirektors
Aus der Nordstadt.
Er hatte sie in einer Bar getroffen
Als die Happy Hour längst begonnen hatte.
Sie hatte den fünften Caribbean Punch genommen
Und ihre Bluse war bis zum Bauchnabel aufgeknöpft
"Ich bin eine anständige Frau" sagte sie
Er fragte ob er ihr einen Drink spendieren dürfte
Sie nickte.
Dann erzählte er die Episode
Als er im Kongo als Söldner angeheuert hatte
Und dann wollte sie noch einen Drink.
Und er berichtete wie er in Angola
Mit den Revolutionären kämpfte
Und Frauen als Schutzschild nahm.
Beim nächsten Drink
Schrie er: "Volle Deckung"
Als sie quer über den Tresen kotzte.

Heute 00:20

Als Christ wollte er stets der Angst entsagen
Angst nicht geliebt zu werden
Angst zu versagen
Die Angst um Sie
Die einzige Frau die er jemals geliebt
Und die er stets betrogen hatte.

Sie lagen auf der Couch
Sie links und las Arthur Schnitzler
Er lag rechts und las Anna Karenina
Und künstliche Abende
Endeten als Scherbenhaufen.
Dann schnappte er sein Glas Rotwein
Und sie übergoss sich mit Benzin
Und ging auf den Balkon eine Rauchen.

Heute 01:20

Er liebte Geschichten
Und erzählte stets die Story
Als er Mittellos nach New York kam um
Unterhosenmodel zu werden,
Und schließlich Börsenhändler an der Wall Street.
So rächte er sich an dem Drugstore Besitzer

Er liebte Geschichten
Und es machte ihm einen Heidenspaß
Von den Eskapaden in Wien zu berichten
Als er binnen einer Woche zehn Jüdinnen hatte.
So rächte er sich an all den Frauen die ihn
Enttäuscht hatten.

Er liebte Geschichten
Auch die wie ihm ein Vogel an den Niagara Fällen
Voll auf den Kopf geschissen hatte.

Und er daraufhin eine Ente totschlug
So rächte er sich an allem was gefiedert ist.

Nur die Eine Geschichte verschwieg er
Als er von einem Mönch
In der Sakristei vergewaltigt wurde
Und er daraufhin die Kollekte stahl
Um sich an der Kirche zu rächen.

Heute 02:20

Er war jeden Mittwoch Stammgast bei Thomas
Er bestellte sich ein Bier
Und zum Essen gab es stets Lammkoteletts
Mit Kartoffelscheiben und Salat.

Ihm ist vor drei Jahren
Eine schizoaffektive Störung diagnostiziert worden
Und als ich ihn zum ersten Mal sah
War ich geschockt über sein Benehmen
Das Anders war
Und genau das Ängstigte mich
Dass mich von dem „Anderssein" Betroffenheit befiel

Er hatte einen hässlichen, unförmigen Kopf
Was nichts mit seiner Krankheit zu tun hatte
Aber er war hässlich und unförmig.
Er hatte tote, sprachlose Augen
Und seine Hände waren plump und tapsig.
Er unterhielt sich mit dem leeren Stuhl
Und wenn er seinen Kopf hob
Dann sah man seine Zahnlücken
Und die dreckigen Zähne.

Die Kellnerin brachte ihm ein zweites Bier
„Vom Chef" sagte sie
Und er grunzte etwas schwer Verständliches
Dann legte er sein Besteck beiseite
Wischte sich elegant über den Mund
Trank sein Bier in einem Zug,
Lächelte mich an als er bemerkte
Dass ich ihn beobachte.
Ja es stimmt er hatte einen
Bizarren und völlig unrealistischen Wahn.
Kann mir jemand dann den Unterschied
Zwischen ihm und unserem Finanzminister erklären?

Heute 03:20

Um die Rückkehr zu Gott zu erlangen
Musst Du Buße tun
Und im Kafenion beichtest Du
Der Pope und Du einen Ouzo in der Hand
Und wenn das Glas erneut gefüllt wird
Hast Du die Chance gnadenhafte Vergebung zu
Erhalten.

Die Sünden sind nicht messbar
Kostas hat lediglich aus dem Hühnerstall
Ein Huhn geklaut
Damit seine Kinder nach Wochen
Etwas Fleisch auf den Teller bekommen
Dr. Papadopoulos der Banker
Hat Millionen veruntreut
Er kann sich das Beichten sparen
Weil beide Sünder wieder in die Gemeinschaft
Integriert werden.
Kostas durch Zahlung von 15 Euro an seinen
Nachbarn.
Dr. Papadopoulos durch eine neue Yacht die er
Seiner Frau überschrieb.
Die dann zum Drei-Uhr-Tee ein Mitglied der
Englischen Königsfamilie eingeladen hatte.
Kostas erhielt trotz Zahlung der 15 Euro
Eine Strafanzeige, die er für 185 Euro ablöste
Dr. Papadopoulos durfte dem Premierminister
Seine Golfschläger schenken.

Heute 04:20

Das Motorrad bremste
Ein donnernder Knall
Vor ihm ein finsterer Tunnel
Er sah sich aus der Vogelperspektive
Hey, ich sehe gut aus sagte er
Schade dass ich die neue Joop-Jacke nicht anhabe
Er sah ein Licht
Er spürte eine Wärme
Er dachte an den Ouzo vom Vortag
Und wie ihn diese hässliche Kellnerin anmachte.
Ein Licht kam immer näher
Oder bewegte er sich zum Licht?

Er sah sich als Baby in seinem Bettchen
Mit diesem grässlichen Mobile spielen
Er sah sich mit der Schuluniform
Dann wie er mit Kumpels
Um die Wette zechte.
Er sah sich zum ersten Mal Auto fahren
Und er sah Anna wieder
Anna, die zwei Tage nachdem sie miteinander
Schliefen
Seinen besten Freund geheiratet hat.
Er sah sich im Büro wie er Statistiken
Für eine Auslandsgesellschaft Manipulierte.

Das Licht vor ihm wurde plötzlich zu einer Gestalt
Sie kam näher
Bis er durch eine horizontale
Rückwärtsschleuder
Sich mit schmerzenden Gliedern
In einem Krankenhausbett wieder fand.
„Scheiß Ouzo" sagte er sich
Und sah der Krankenschwester auf den Hintern

Heute 05:20

Als sie sieben war, starb ihr Vater
Als sie neun war wurde ihre Mutter
Von einer Straßenbahn erfasst
Mit elf wurde bei ihr Leukämie diagnostiziert
Mit Fünfzehn wurde sie vergewaltigt
Mit siebzehn brach sie sich beide Arme.
Mit neunzehn lernte sie ihren Traummann kennen
Der sie am zweiten Hochzeitstag verließ.

Mich traf sie wenige Wochen später
Als ich ihr eine Bleibe bot
Weil sie nicht mehr wusste wo ihr Zuhause ist
Dann blieb sie sieben Tage.
Seit drei Wochen verlor ich sämtliche
Fußballwetten und
Komplimentierte sie wieder auf die Straße
Heute ist sie Mitte vierzig
Führt ein Edelbordell in Frankfurt
Und hat jeweils ein Haus
In Monte Carlo und Davos.
Ich wette immer noch auf Fußball.

Heute 06:20

Van Gogh stolzierte im Pyjama durch Amsterdam
Albrecht Dürer malte sich im Sitzen
Und Peter Paul Rubens starb an Gicht.

Jan Vermeer hatte Dienstmägde gern
Raffael liebte die Schule in Athen
Rembrandt übte sich in der Nachtwache.

Jean-Antoine Watteau träumte von Kythera
Und dem, der nächsten März geboren wird, ist
Auf dem Grabstein der Goethe- Spruch geschrieben:
„Wer sich nicht selbst befiehlt, bleibt immer Knecht.“

Heute 07:20

Um den Job zu bekommen
Hat er sieben Bewerbungen geschrieben
Hat sich eine neue Frisur verpassen lassen
Und sich ein neues Hemd gekauft.

Eine Woche vorher hat er sich im Internet
Über das Unternehmen erkundigt
Rief Sewastos an der sich in der Branche auskannte
Fragte nach Tipps die er sich noch einholen könnte.

Zwei Tage vor dem Termin
Hatte er nicht schlafen können
Trank vielleicht einen Schnaps zu viel
Um sich etwas zu beruhigen.
Am Morgen der Vorstellung
Hatte er glasige Augen
Seine Haut wies Veränderungen auf
Doch er ignorierte es großzügig und so
War der Job als Müllmann ihm dann sicher.

Heute 08:20

Sie hätte um die Zeit nicht da sein dürfen
Vielleicht in Südamerika oder Wanne-Eickel
Aber nicht hier
Sie hatte diese Pillen genommen
Die Abnehmen im Schlaf versprachen
Sie ging in die Küche
Schaltete das Radio ein
Und nahm einen großen Schluck Cola Zero Dann
drehte sie den Gashahn auf
Und sagte: „Gute Nacht"

Heute 09:20

Vor exakt drei Jahren hat sie ihn verlassen
Und er wollte sich damals umbringen
Den Schmerz
Und viel mehr die Scham konnte er nicht aushalten.
Und er suchte sie im Osten
Aber dort herrschte Chaos und Anarchie
Als er dachte dass er sie gefunden hätte
War es nur Natascha die sich jedem hingab.

Er suchte sie im Westen
Und fand Cowgirls
Mit engen Jeans und roten Halstüchern
Und er dachte dass er sie gefunden hätte
Aber es war nur Natascha die billige Hure.

Er suchte sie im Norden
Dort fand er Rothaarige mit schiefem Lächeln
Die ihn fragend anschauten
Und er dachte dass er sie gefunden hätte
Es war nur Natascha die wieder angetrunken war.

Schließlich im Süden
Ja er war sich sicher
Hier ist sie und sonst nirgends
Und er fand leere Plätze
Erloschene Lichter
Ausgetrocknete Meere
Das Pantheon zerstört
Eine Bouzouki ohne Saiten
Und Natascha als Skelett.

Heute 10:20

Es war genug zu essen da
Zum Trinken Unmengen an Kisten.
Mussolini übergab sich in eine Schüssel
Und Don Camillo wischte ihm den Mund ab.
Rick schloss sein Café
Und Casablanca war einen halben
Erdteil entfernt.
Der Vorhang öffnete sich zum ersten Akt
Und das Staatsballett begann zu tanzen
Stalin würgte eine Bratwurst runter
Shirley MacLaine führte ihren Pudel Gassi
Der Papst bekam einen Stimmbruch.
Die rote Armee nahm sich einen Urlaubstag
Juden beteten in einer Moschee
Und Frauen sangen mit offenen Haaren.
Behutsame Gigolos
Und Wichtigtuende Mönche stimmten ein.
Die Pommes- Buden hatten Konjektur
Der Bankdirektor einen offenen Hosenladen
Der eiserne Vorhang fing Feuer.
Mit gesenktem Kopf
Erreichte er die Download-Geschwindigkeit
Die ihn zurück zu seinem Heimatplaneten beförderte
Was zurück blieb waren
Leere Teller
Und sehr viel Flaschenpfand.
Griechenland begann sich zu retten.

Heute 11:20

Sie schrieb ihm einen Liebesbrief
Den er exakt ein Jahr nach Ihrer Flucht
Aus der gemeinsamen Wohnung las.
Darin stand
Dass Sie ihn lieben würde
Jedoch seine Aggressionen
Ihr keine andere Wahl ließen und sie weg müsste.

Als er später die zweite Wodkaflasche öffnete
Drei Küchenstühle aus dem Fenster warf
Und gegen den Fernseher trat
Fragte er sich wie blöd sie doch war
Und nicht in ihm den zärtlichen Mann sah
Der er war.

Er war doch Seele pur
Und eine Nacht wie diese
Ersetzt ganze Jahrhunderte.
Was sind das nur für Verrückte
Die nur das negative Denken im
Vordergrund sehen?
Hat er nicht ständig ihren Hintern
Angehimmelt?
Hatte er sie nicht einmal
Mit der braunen Decke zugedeckt
Als genau dieser Hintern entblößt fror?
Und er trank einen weiteren tiefen Schluck,
Nahm ihren Brief
Ging auf die Toilette
Um sich damit seinen Arsch abzuwischen.

Heute 12:20

Sie war weit in den Achtzigern
Die Zigarette im Mundwinkel
Und betrachtete die Auberginen.

Der greise Obsthändler
Wog ein halbes Kilo ab
Und gab eine kostenlos dazu.
„Das macht er immer so"
Sagte die Frau „Er ist ein guter Mensch"
Sie hatte weitere drei Tragtaschen und
Der Fremde fragte
Ob er ihr helfen könnte
Und sie sah den Obsthändler an
Dieser nickte zustimmend.

Und der Fremde durfte ihr die Tragtaschen
Bis zur Wohnungstür bringen.
„Sie können ruhig rein kommen
Ein Glas Wasser trinken."

Und während sie in der Küche war
Sah er aus dem Fenster den Sonnenuntergang
Und vergaß
Dass er drei Tage nicht gegessen hatte

Heute 13:20

Mit acht
Kletterte er durch Kellerfenster
Und raubte Wohnungen aus
Mit zehn
Bedrohte er mit einem Messer
Einen anderen Jungen.
Mit dreizehn
Wurde er zum ersten Mal
Von einer Gruppe Heranwachsender vergewaltigt.
Mit sechszehn
Erwürgte er mit bloßen Händen
Jemanden der einen Kameraden zusammenschlug.
Mit siebzehn
Wurde er zum ersten Mal gefasst
Und für zwei Tage ins Gefängnis verfrachtet.
Im Gemeinschaftsraum lief
Titanic
Seine Eltern lernte er niemals kennen
Er wusste nur dass er irgendwo in Albanien
Geboren
Und mit siebeneinhalb Jahren
In den Süden befördert wurde
Und das große Schiff ging unter
Die Musiker spielten weiter
Und er urinierte an die Wand
Als der Abspann
Und "My Heart Will Go On"
Erklang

Heute 14:20

Seit vielen, vielen Jahren bewunderte ich ihn
Er war der Künstler, der Star
Er spielte König Lear und Euripides
Er war Othello und Don Juan
Und eines Tages erzählte er
Wie es begann:
Seine erste Gage war eine warme Mahlzeit
Und die Gewissheit
Dass bessere Zeiten kommen werden.
Er spielte Brecht und Ibsen
Strindberg und Goethe
Gerhart Hauptmann und Zuckmayer
Pirandello und Anouilh
Und eines Tages sagte er
Kam der Intendant und sagte
Dass das Einzige was er bieten konnte
Ein trockenes Stück Brot wäre.
Und er gab ihm den Rat in die Hauptstadt zu gehen
Er wäre so begabt, er würde bestimmt was finden.
Der Wallenstein von Schiller
Der Dr. Faust von Goethe
Der Dorfrichter Adam von Kleist
Oder der Valentin von Shakespeare
Hatte in den Fünfzigern die erste Anstellung in Athen
Als Gage gab es ein Dach über den Kopf
Und es wurde geteilt was die Zuschauer brachten.
Eier oder Butter, mal etwas Hähnchen oder Gemüse
Als ich ihn viel später sah
Er war inzwischen die Ikone der Bühne
Gab er dem Reporter ein Interview
„Ich habe erst dann angefangen zu leben" sagte er
„Als ich zum ersten Mal so viel Geld verdiente um
Anderen einen Teller Suppe zu spendieren.
Minutenlanger Applaus ist nichts im Vergleich zu
Dem Blick den Du siehst wenn Hungernde
Etwas zu essen bekommen.
Seit vielen, vielen Jahren bewundere ich ihn
Er ist der Künstler, der Star, der Mensch.

Heute 15:20

250 Jahre vor meiner Geburt
Hat man Dich heiliggesprochen
Und ich weiß nicht ob es nur
Heiligen bestimmt ist
Den Mörder seines Bruders
Vor den Soldaten zu verstecken
Ihm zu verzeihen und dann noch
Zur Flucht zu verhelfen.

Jetzt liegst Du in Deinem
Sarkophag
Als Du 1547 geboren wurdest
Warst Du reich und adlig
Dich interessierte jedoch nur die Güte
Und in der Einsamkeit fandst Du Deine Bestimmung

Du warst Einsiedler und Priester
Abt und Bischof
Und dann wieder einfacher Pope.

Und als man dich begrub
Deinem Willen entsprechend auf Stamfani

Erschienst Du Jahre später
Und wolltest nach Zakynthos
Weil Piraten Deine Ruhestätte störten.

Man fand Dich nach so vielen Jahren
Unversehrt und nach Blumen duftend
Und vor Deiner Hülle schwor ich
Ewige Zuneigung
Und durch Deinen Segen erfuhr ich
Ewige Liebe

Heute 16:20

36 Stunden ist das Limit
Komm zurück
Nur für diese kurze Zeit
Und hör mir einfach nur zu
Was ich Dir so lange sagen wollte.

36 Stunden bitte ich Dich
Den Lauf der Zeit anzuhalten
Und mir für 36 Stunden zu vertrauen
Ich werde bei Dir sein
Und Du bist bei mir
Und nur diese wenigen Stunden
Sollen Dir sagen
Wie sehr ich Dich brauche

Für 36 Stunden werden wir
Eine Reise antreten
Die wir schon immer machen wollten
Zum Mond und zu der Sonne
Damit der Körper wieder eins wird.

36 Stunden freies Leben
36 Stunden bis zur Wiedergeburt
36 Stunden eine ganze Wirklichkeit.
36 Stunden ist das Limit
Komm
Das Totenreich ist Geduldig
Lass uns den Spaziergang wiederholen
Zum Schloss und nochmals zurück.
Alle Momente ein einziger Lichtstrahl.
Alle Augenblicke ein einziges Sehnen.
Damit das Leben seinen Gang nimmt
Für 36 Stunden

36 Stunden freies Leben
Und der Körper bebt
Die Zeit steht still
Und Dein Geist ist der Meine
Und ich schmelze dahin
In den 36 Stunden
Und der Körper schwebt
In den 36 Stunden
Und Deine Stimme ist hier
Für 36 Stunden
Und mir wird klar, dass
Der 36-Stundentraum
Inzwischen über vier Jahre dauert.

Heute 17:20

Eine Unruhe breitet sich aus
Orientierungslosigkeit
Hände und Füße erkalten
Sein Puls kaum noch vernehmbar
Er denkt an die Sportwetten die er nie gewann
An Mary die er mal haben konnte
Und an das was ihm mal ein Pfarrer sagte.
"Auch in der Finalphase ist es niemals zu spät"
Er versuchte dem Ton des Fernsehers zu folgen
Und es ward im klar
Dass er niemals eine Jungfrau besessen hat.

Heute 18:20

Sie hatte den bösen Blick.

Das Leben lässt sich nicht aufhalten
Und die Verlieren haben stets
Die gleiche Einstellung.
Einfach sein
Scheißegal wie
Und das Ungeziefer breitet sich aus.
Die Bilderrahmen sind leer
Und sie errechnet die Tage seines Abschieds
Mit Kreidestrichen an der Küchenwand.

„Bei Dir fühl ich mich als eine Zwischenlösung"
Sagte er eines Tages
Und seine chaotische Gedanken
Waren wie Liebe ohne Gesetzmäßigkeit.
Der Ausweichmechanismus
Ist für die Intelligenz der Sarkasmus
Wut bricht bei den Schwachen aus.
Und die Blicke verlieren sich
In der Dunkelheit
Keiner fragt wann das Empfinden endet.
Das was bleibt
Ist das leere Bett
Und seine Stimme auf dem Anrufbeantworter
Und sie gibt sich einen Zeitplan
Um entweder nach drei Wochen
Oder dreizehn Jahren
Wieder jemanden so nah zu lassen
Der die Blumen verbrennen kann.

Ist Zivilcourage wirklich ein Auslaufmodell
Und ist das sich öffentlich Positionieren
Nicht gleichzusetzen
Mit einer Bestrafung ?
Im Mittelalter als man Gewichte an die Füße bekam,
An den gefesselten Händen aufgehängt, so dass der
Körper schmerzhaft in die Länge gestreckt wurde.

Wenn man gegenüber dem Licht
Unempfindlich ist
Begreift man nichts
Und immer wieder der Satz.
Sie hatte den bösen Blick.
Die Augen wurden mit einer Maske verhüllt
Ob Gehängter oder Scharfrichter
In dem Moment waren beide eins.
Nur drei Löcher um Mund und Augen.
Aus der Scheu vor dem Fluch
Bittet der Scharfrichter um Vergebung.

Auf das Danach kommt es an
Und danach kam nichts.
Die Striche mit der Kreide wurden zu einem Zaun
Und sie begann um ihn zu weinen
Immer öfters
Und immer intensiver
Während des Drehens einer Zigarette
Oder der Selbstbefriedigung vor dem Spiegel.

Er war doch so ein Durchschnittsmensch
Mit durchschnittlicher Begabung
Und durchschnittlichem Appetit
Er hatte durchschnittlichen Humor
Und durchschnittliche Träume.

Er war jemand der sich öffentlich umbringen könnte
Ohne dass jemand sonderlich Notiz davon nahm.
Er hatte ein durchschnittliches Aussehen
Und wenn er an der Bar saß
Ignorierte man ihn des Öfteren.
Nur Dagmar mit den Tätowierungen
Fand seine Augen, Nase und Mund interessant

Sie hatte den bösen Blick.
Trotzdem gewährte sie ihm die Henkersmahlzeit

Heute 19:20
Zehn Jahre später

Da löschte er eines Tages
Seine ganzen Konten
Kaufte sich einen goldenen Zahnstocher
Sagte: "Ich bin Don Quijote"

Er durchwanderte Städte
Begrüßte jeden
Reichte allen die Hand

Nach einiger Zeit
Wollte er sich zur Ruhe begeben
Weil er der Wanderung müde war.
Und sie kamen von Überall
Wünschten ihm gute Besserung
Lächelten: Gute Genesung.

Er wurde gesund
Ging wieder auf Wanderschaft
Sagte: „Ich bin Don Quijote"
Seinen Zahnstocher suchte er aber vergebens.

Heute bereist er wieder die Länder
In Irland verschweigt er
Dass er ein Katholik ist, er fürchtet
Um sein Leben.
In Frankreich verschweigt er
Dass er nichts gegen Schwule hat, er fürchtet
Um sein Leben.
In Italien verschweigt er
Dass er in Palermo studiert hat, er fürchtet
Um sein Leben.
In Griechenland verschweigt er
Dass er in Deutschland
Auf einer CDU Veranstaltung
Angela Merkel so nahe war
Dass er ihr Haarspray riechen konnte.

Heute 20:15

Herzschlag und Atmung haben bald Schlussakkord
Er fragt sich ob sein Hirn noch funktioniert
Und stellt fest
Dass er die Wurzel von 81 errechnen kann
Wann hat Theo gesagt würde er noch
Einmal kommen?
Vielleicht sehe ich ihn noch einmal
Sagt er und erkennt
Dass es nur ein vegetativer Zustand ist
Oder einfach die Angst des Loslassens.

Der Einkaufswagen seines Gedächtnisses ist leer
Er hatte intensiv gelebt
Und er dachte an El Greco
Dessen Gebeine verloren gingen.
Der Losverkäufer packt seine Tasche
Und der Anhalter beschließt die Reise abzubrechen
Um Werke von Charles Baudelaire zu lesen.

Er fragte sich ob er sein ganzes Leben
Ein ständiger Verlierer gewesen war
Niemals in der Lotterie gewonnen
Niemals im Kino neben einer Sexbombe gesessen.
Immer die Hausschlüssel verlegt
Ständig eine leichte Influenza in sich
Und jedes Mal wenn er bei McDonald´s
Auf dem Klo saß
War kein Toilettenpapier vorhanden.

Manchmal fuhr er in der Nacht
Mehrere Runden durch die Altstadt
Um das Gefühl zu haben

Herzschlag und Atmung haben bald Schlussakkord
Er weiß es noch nicht
Da er die Reise nach Ithaka plante
Um mit Odysseus richtig einen drauf zu machen.
Oder Ioannis Metaxas Geburtshaus zu besuchen
Und zuzuhören wenn er Sein „Nein" deklariert

Hellas wurde somit 1940 kein Satellitenstaat
Und Metaxas wurde zum Helden.
Der 28. Oktober lebt weiter
Allerdings nur in den Herzen der Armen.
Heute ist Griechenland
Bedingt durch den Machtwahn der Banken
Zum Hanswurst der Oligarchie geworden.

Herzschlag und Atmung haben bald Schlussakkord
Theo kommt mit einer Flasche Wein
Er schenkt jedem ein volles Glas ein.
„Lass uns die Stadt evakuieren"
„Lass uns verschwinden solange wir noch können"
Jemand aus dem Nachbarhaus betätigt die
Klospülung.
Ein anderer schreit auf der Straße
Und auf dem Syntagma-Platz
Kommt die griechische Seele auf das Schafott.

Heute 20:20

Es ist vollbracht
Vater, in deine Hände lege ich meinen Geist.

Erklärung der Begriffe:

1   sehr schön

2   sehr köstlich

3   Laurentis Maheritsas /Komponist/Sänger

4   griechischer Tanz

5   griechischer Tanz

6   Nationalstraße

7   Schmiergeld Kuvert

8   Hochprozentiger Schnaps

9   Ortsteil in Thessaloniki

10   Alter Hafen in Piräus

11   griechische Komponisten

12   Freiheitskämpfer

13   Dionisios Solomos Texter der National-
hymne

14   Liedtext Auszug (To agalma)

Bisher erschienen:

Jetzt und Immer

Ein übersprungener Tag

Verpasste Augenblicke

Träume töten ohne Warnung

Die Gesellschaft Deiner Seele

Ein Lächeln, das Dir wieder Leben einflößt

Na sou po..... Geschichten aus Griechenland

Griechische Wurzeln

Käpt´n Einauge im Märchenland

GEDICHTE

Jetzt und immer

Niko Papadakis

Niko Papadakis

Ein übersprungener Tag

Niko Papadakis

Verpasste Augenblicke

Gedichte und Kurzgeschichten

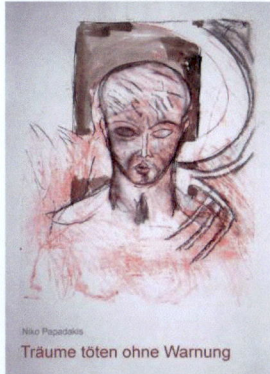

Niko Papadakis

Träume töten ohne Warnung

Niko Papadakis

Die Gesellschaft
Deiner Seele

Gedichte und Kurzgeschichten

Niko Papadakis

Na sou po......
Geschichten aus Griechenland

Niko Papadakis

Griechische Wurzeln

Gedanken eines schwäbischen Griechen

Niko Papadakis

Käpt´n Einauge im Märchenland

Geschichten eines Helden